Julien Cervelle

Complexité dynamique et algorithmique des automates cellulaires

Julien Cervelle

Complexité dynamique et algorithmique des automates cellulaires

Systèmes chaotiques, complexité de Kolmogorov

Éditions universitaires européennes

Mentions légales/ Imprint (applicable pour l'Allemagne seulement/ only for Germany)

Information bibliographique publiée par la Deutsche Nationalbibliothek: La Deutsche Nationalbibliothek inscrit cette publication à la Deutsche Nationalbibliografie; des données bibliographiques détaillées sont disponibles sur internet à l'adresse http://dnb.d-nb.de.
 Toutes marques et noms de produits mentionnés dans ce livre demeurent sous la protection des marques, des marques déposées et des brevets, et sont des marques ou des marques déposées de leurs détenteurs respectifs. L'utilisation des marques, noms de produits, noms communs, noms commerciaux, descriptions de produits, etc, même sans qu'ils soient mentionnés de façon particulière dans ce livre ne signifie en aucune façon que ces noms peuvent être utilisés sans restriction à l'égard de la législation pour la protection des marques et des marques déposées et pourraient donc être utilisés par quiconque.

Photo de la couverture: www.ingimage.com

Editeur: Éditions universitaires européennes est une marque déposée de
Südwestdeutscher Verlag für Hochschulschriften GmbH & Co. KG
Dudweiler Landstr. 99, 66123 Sarrebruck, Allemagne
Téléphone +49 681 37 20 271-1, Fax +49 681 37 20 271-0
Email: info@editions-ue.com
Agréé: Marne-la-Vallée, Université Paris-Est, habilitation à diriger les recherches, 2007

Produit en Allemagne:
Schaltungsdienst Lange o.H.G., Berlin
Books on Demand GmbH, Norderstedt
Reha GmbH, Saarbrücken
Amazon Distribution GmbH, Leipzig
ISBN: 978-613-1-53551-2

Imprint (only for USA, GB)

Bibliographic information published by the Deutsche Nationalbibliothek: The Deutsche Nationalbibliothek lists this publication in the Deutsche Nationalbibliografie; detailed bibliographic data are available in the Internet at http://dnb.d-nb.de.
 Any brand names and product names mentioned in this book are subject to trademark, brand or patent protection and are trademarks or registered trademarks of their respective holders. The use of brand names, product names, common names, trade names, product descriptions etc. even without a particular marking in this works is in no way to be construed to mean that such names may be regarded as unrestricted in respect of trademark and brand protection legislation and could thus be used by anyone.

Cover image: www.ingimage.com

Publisher: Éditions universitaires européennes is an imprint of the publishing house
Südwestdeutscher Verlag für Hochschulschriften GmbH & Co. KG
Dudweiler Landstr. 99, 66123 Saarbrücken, Germany
Phone +49 681 37 20 271-1, Fax +49 681 37 20 271-0
Email: info@editions-ue.com

Printed in the U.S.A.
Printed in the U.K. by (see last page)
ISBN: 978-613-1-53551-2

Sommaire

Introduction

Ce livre présente une synthèse de travaux que j'ai effectués sur les automates cellulaires, qui ont essentiellement concerné l'étude de leur dynamique avec, comme objectif principal, de mieux comprendre la nature des comportements chaotiques observés et de donner des définitions satisfaisantes d'automate cellulaire complexe.

Les automates cellulaires font partie des modèles de calcul régis par des contraintes locales. De tels modèles sont constitués de cellules réparties dans l'espace qui évoluent en fonction de ses interactions avec les cellules qui lui sont voisines.

De tels systèmes sont présents dans de nombreux domaines scientifiques. En mécanique, certaines modélisations microscopiques représentent les atomes comme des entités qui interagissent et influencent leurs voisins, comme par exemple pour obtenir la fonction d'évolution d'une corde soumise à une vibration. En biologie, d'où vient le terme «cellulaire», les organismes multi-cellulaires sont gérés quasi-exclusivement par des contraintes locales : une cellule peut communiquer avec ses voisines en libérant des molécules dans le milieu environnant. Celles-ci sont captées par les voisines plus ou moins éloignées en fonction de la durée de stabilité de la molécule. Le système nerveux est aussi un système où chaque neurone est relié à d'autres et échange des informations avec lui au moyen de synapses et de neurotransmetteurs. Dans ce dernier cas, la notion de localité et de voisinage ne correspond pas à celle de la géométrie euclidienne étant donné que les axones, qui font le lien entre deux neurones ou entre un capteur et un neurone, peuvent être très longs. Le modèle des interactions locales s'applique au cas du système nerveux puisqu'une entité n'a qu'un nombre fini de voisins.

La dynamique des automates cellulaires se trouve au confluent de plusieurs disciplines. D'une part, des mathématiciens et des informaticiens étudient les automates cellulaires et d'autre part, au sein de ces communautés, ils sont étudiés par des chercheurs d'origines diverses (dynamique symbolique, algorithmique, expérimentation, algèbre, *etc.*) et souvent sous des noms différents (systèmes textiles, tessalation automata, block-map, *etc.*).

Dans ce livre, nous nous intéressons à l'étude de la complexité des automates cellulaires suivant plusieurs points de vue et nous cherchons de nouveaux outils pour aider à caractériser plus précisément les différents comportements observés et plus particulièrement la dynamique des automates cellulaires. L'une des premières tentatives de formalisation de la notion d'automate cellulaire chaotique faisait intervenir les définitions classiques en dynamique. Par exemple, c'est ainsi que furent introduites les classes de Kůrka. Bien que naturelles, ces classes comportent quelques particularités qui peuvent sembler contre-intuitives, comme par exemple le fait que des automates cellulaires très simples comme le shift soient classifiés parmi les chaotiques. Pour cela, d'autres idées ont été tentées pour essayer de diminuer l'importance du shift. Parmi ces tentatives, on trouve les topologies de Weyl et de Besicovitch [4], ou encore, plus récemment, les classes de Kůrka diagonales [31].

Une de nos contributions fut d'utiliser la complexité de Kolmogorov comme outil de mesure du degré chaotique des automates cellulaires. Elle avait déjà été utilisée avec succès par Brudno dans le domaine de la dynamique symbolique dans [3]. La complexité de Kolmogorov permet de pousser plus loin l'idée des définitions des topologies de Besicovitch et de Weyl. En effet, ces dernières établissent que deux configurations d'automate cellulaire sont proches si la proportion de cellules dans un état différent est faible. Néanmoins, si l'on considère les configurations 10101010... et 01010101..., elles sont très éloignées en terme de différences position par position bien qu'intuitivement très proches. La complexité de Kolmogorov permet de considérer toutes les manières algorithmiques de comparer deux configurations. Ainsi, deux configurations sont proches s'il est facile de trouver un algorithme qui passe de l'une à l'autre.

La complexité de Kolmogorov a aussi un second avantage, celui de permettre de définir formellement la notion d'objet mathématique aléatoire sans utiliser de probabilité ni d'autre procédé stochastique. Ceci permet de décrire quels sont les objets aléatoires en sélectionnant ceux qui sont complexes d'un point de vue algorithmique, c'est-à-dire s'il est difficile de trouver un algorithme pour construire cet objet. Ainsi, on peut utiliser cette notion pour caractériser les automates cellulaires complexes en étudiant ceux qui «produisent» des objets mathématiques aléatoires lors de leurs exécutions. Parmi les objets produits, on peut considérer par exemple les orbites ou l'ensemble limite.

Le livre est organisé de la façon suivante. Le premier chapitre donne l'ensemble des définitions nécessaires comme celles de systèmes dynamiques, d'automates cellulaires et de différentes classifications du chaos. Le chapitre suivant est dédié à la complexité de Kolmogorov et aux différents éclairages qu'elle peut apporter à l'étude des automates cellulaires. Plus précisément, les premières sections du chapitre définissent la complexité de Kolmogorov puis donnent des propriétés classiques et leurs implications dans le cadre des automates cellulaires. Ensuite, pour illustrer son utilisation comme outil d'aide à la démonstration, nous présentons deux preuves de résultats concernant la complexité des automates cellulaires utilisant le complexité de Kolmogorov dont une est la preuve originale. Enfin, nous montrons comment cette notion permet de donner des définitions originales qui apportent une vision nouvelle des automates cellulaires. Le troisième chapitre décrit d'autres orientations concernant l'étude du chaos. La première section décrit une tentative de modéliser les tas de sables, en suivant les mêmes idées que le modèle SPM (*sand pile model*, [14]), mais dans le cadre des systèmes dynamiques. Pour cela, nous introduisons une topologie qui exprime quelles peuvent être les évolutions raisonnables d'un tas de sable dont la mécanique est régie par des interactions locales et nous donnons une classe d'automates cellulaires qui correspond à ces phénomènes. La seconde section introduit la notion de trace, c'est-à-dire la séquence d'états par lesquels passe une cellule de l'automate cellulaire au cours de son évolution. Nous essayons de retrouver quelles traces sont possibles en reconstruisant la règle de l'automate cellulaire à partir de ces obervations.

Chapitre 1

Systèmes dynamiques, automates cellulaires et classification du chaos

1.1 Systèmes dynamiques

Le concept de système dynamique varie selon les milieux et les approches. Il inclut deux éléments. Le premier est un espace des situations possibles, aussi appelé *espace des phases*, que nous notons X et le second est un système d'évolution dans l'espace des phases. Les systèmes dynamiques modélisent l'intégralité du monde physique : aucune perturbation extérieure non prévue dans X ne peut influencer l'évolution. Cela induit des propriétés très fortes sur leurs évolutions comme la causalité et le déterminisme : étant données des conditions initiales d'expérimentation $x \in X$, on peut alors considérer l'orbite $O(x)$ issue de x qui représente l'évolution du phénomène à partir de x.

Le temps peut être soit continu soit discret. Dans le cas continu, par exemple un système basé sur des relations différentielles, l'évolution est régie par une fonction de l'état initial du système et du temps : $\varphi : X \times \mathbb{R} \to X$. Si $x \in X$ représente les conditions initiales d'une expérience, l'état du système à l'instant t est donné par $\varphi(x, t)$. Afin de respecter les lois de causalité et de déterminisme des expériences, la fonction doit vérifier que pour tout état initial $x \in X$ et tous temps t_1 et t_2 que $\varphi(x, 0) = x$ et $\varphi(x, t_1 + t_2) = \varphi(\varphi(x, t1), t2)$. Dans ce cas, une orbite issue de la condition initiale x est une fonction de $\mathbb{R}$ dans X définie par $O_\varphi(x) : t \mapsto \varphi(x, t)$.

Dans le cas discret, le système évolue étape par étape. L'évolution est décrite par une application f, de l'espace des phases dans lui-même, qui à un état du système fait correspondre l'état à l'étape suivante. La définition respecte sans condition supplémentaire les principes de déterminisme et de causalité (en utilisant le formalisme des systèmes continus, on aurait $\varphi(x, t) = f^t(x)$). L'orbite issue d'un point x est dans ce cas la suite $O_\varphi(x) = x, f(x), f^2(x), \ldots$

Nous allons, dans ce livre, considérer un espace des phases particulier, l'ensemble $X = S^{\mathbb{Z}^d}$ où S est un ensemble fini d'états et d la dimension de l'espace. On appelle les éléments de X des *configurations*. Cet espace correspond à l'ensemble des grilles de dimension d remplies avec des éléments de S. Les automates cellulaires sont des systèmes dynamiques dont l'action ne dépend pas de la position de l'origine, ce qui est en général le cas dans les systèmes réels où tout est modélisé dans l'espace des phases. Par exemple une expérience de gravitation ne dépend pas d'où l'on place le centre du repère (centre de la terre ou centre du soleil), mais seulement de l'endroit où sont placés les objets. Si l'on translate tous les objets suivant le même vecteur, on obtient bien le même résultat, mais translaté.

Pour formaliser cette notion, nous allons introduire des transformations spéciales de X dans X appelées *shifts*. Soit v un vecteur de $\mathbb{Z}^d$. On définit σ_v, le shift de vecteur v par :

$$\sigma_v : (x_i)_{i \in \mathbb{Z}^d} \mapsto (x_{i-v})_{i \in \mathbb{Z}^d}$$

qui effectue la translation de vecteur v de la configuration x. On note simplement σ en dimension 1 le shift σ_{-1}. On dit qu'une fonction de X dans X est *shift-invariante* si pour tout vecteur v, on a :

$$f \circ \sigma_v = \sigma_v \circ f \ .$$

Cette notion traduit l'absence de dépendance par rapport à la position de l'origine. Notez que pour être shift-invariant, il suffit d'être invariant pour des shifts de vecteurs formant une base de $\mathbb{Z}^d$. Ainsi, en dimension 1, une fonction f est shift-invariante si et seulement si $f \circ \sigma = \sigma \circ f$.

Pour étudier les systèmes dynamiques et plus particulièrement décrire s'ils sont chaotiques, les outils les plus utilisés sont la topologie et la théorie de la mesure. Pour l'espace des phases X, la topologie naturelle est la topologie produit. Cette topologie est métrisable et fait de X un espace de Cantor. La distance correspondante, appelée *distance de Cantor*, est définie de la manière suivante :

$$d_C(x, y) = 2^{-\alpha} \text{ avec } \alpha = min_{i \in \mathbb{Z}^d}\{\|i\|_\infty, \ x_i \neq y_i\}$$

où $\|i\|_\infty = min_{0 \leqslant j < d}\{i_j\}$. Muni de cette distance, X est un espace compact, sans point isolé et totalement déconnecté.

Dans X, les motifs finis jouent un rôle important. Un motif fini est une portion de configuration c'est-à-dire une fonction d'un domaine fini de $\mathbb{Z}^d$ dans S. En particulier, un *pavé* de rayon r est un élément de $S^{[\![-r,r]\!]^d}$, où $[\![a,b]\!]$ représente l'ensemble $\{a, \ldots, b\}$. En dimension 1, un pavé de rayon r est un mot de longueur $2r + 1$ sur l'alphabet S. Si ϱ est un pavé, nous appelons *cylindre* centré sur ϱ, noté $[\![\varrho]\!]$ ou $[\![\varrho]\!]_r$, l'ensemble des configurations dont le pavé central de rayon r est ϱ :

$$[\![\varrho]\!] = \{x, \forall i \in [\![-r,r]\!]^d, x_i = \varrho_i\} \ .$$

Par exemple, en dimension 1, $[\![101]\!] = S^\infty 101 S^\infty$. Par définition de la distance d_C, pour tout x de $[\![\varrho]\!]$, la boule ouverte de rayon 2^{-r} et centrée sur x est $[\![\varrho]\!]$. Cette boule ouverte est aussi un fermé puisque la distance ne prend que des valeurs discrètes. Ainsi, les cylindres sont les boules ouvertes des X et nous notons le cylindre de rayon r centré sur x par $[x]_r$ (ici préciser r est nécessaire) :

$$[x]_r = \{y, \ \forall i \in [\![-r, r]\!]^d, y_i = x_i\} \ .$$

L'ensemble des cylindres forme une base de l'espace métrique (X, d_C).

Nous allons donc considérer des systèmes dynamiques invariants par décalage et continus. Être continu traduit le fait qu'une perturbation de la condition initiale ne peut provoquer de changement à l'étape suivante que proche de la perturbation ; rien n'empêche cette perturbation de continuer à se déplacer et de s'amplifier pour obtenir des systèmes sensibles aux conditions initiales populairement connus sous le nom «d'effet papillon».

Pour formaliser cette notion d'influence locale, on définit le concept de règle d'évolution locale. Une *règle locale* est une fonction λ de $S^{[\![-r,r]\!]^d}$ dans S où l'entier r est le *rayon* de la règle locale. Cette règle locale donne le nouvel état d'une cellule de la grille en fonction de son état et celui de ses voisins. Elle induit le comportement global f de X dans X défini par :

$$f(x)_i = \lambda((x_{i+k})_{k \in [\![-r,r]\!]^d})$$

où toutes les cellules évoluent en parallèle et de manière synchrone. Ces fonctions définies par règle locale sont aussi connues sous le nom d'*automates cellulaires* du fait que le système est assimilable à une grille dont les cases contiennent toutes un automate fini mais dont les transitions dépendent aussi des états des automates voisins. Formellement, un automate cellulaire est défini par sa règle locale et son ensemble d'état. Dans ce livre, nous assimilons l'automate cellulaire et la règle globale f puisque nous nous intéressons essentiellement à sa dynamique. L'exemple le plus populaire d'automate cellulaire est le jeu de la vie de Conway, de dimension 2, où l'ensemble d'états est {*vivante, morte*} et la règle locale dit qu'une cellule passe de l'état *morte* à *vivante* si elle a trois voisines dans l'état *vivante* et qu'elle reste dans cet état si elle a deux ou trois voisines dans l'état *vivante*. Dans tous les autres cas, la cellule passe dans l'état *morte*.

Dans [19], Hedlund montre le théorème suivant :

Théorème 1 (G. A. Hedlund, [19]). *Toute fonction continue et invariante par décalage est une règle globale d'un automate cellulaire.*

Preuve. Soit f une fonction shift-invariante et continue sur X. Soit $s \in S$. Considérons $U = f^{-1}([\![s]\!])$, ouvert et fermé car image réciproque d'un ouvert et fermé par une application continue. Cet ouvert est une union de cylindres car les cylindres forment une base : $U = \bigcup_{i \in I} O_i$. De plus, comme il est sous-ensemble fermé d'un ensemble compact, il est lui même compact et donc on peut extraire du recouvrement ouvert de U par les O_i un sous-recouvrement fini : $U = O_0^s \cup O_1^s \cup \cdots \cup O_{n_s}^s$. On note r_s le plus grand des rayons parmi les cylindres O_k^s. On effectue ces opérations pour tous les états de s. Soit r le plus grand des rayons r_s.

Montrons que f est régi par une règle locale de rayon r. Pour un s donné, considérons les O_i^s construits au paragraphe précédent. Soit P_s l'ensemble des pavés de taille r présents aux centres des configurations de $f^{-1}(\llbracket s \rrbracket)$. Comme r est supérieur au rayons des O_i^s, on a que :

$$\bigcup_{i=0}^{n_s} O_i^s = \bigcup_{\varrho \in P_s} \llbracket \varrho \rrbracket$$

et donc que :

$$f^{-1}(\llbracket s \rrbracket) = \bigcup_{\varrho \in P_s} \llbracket \varrho \rrbracket \ .$$

Comme $\{f^{-1}(\llbracket s \rrbracket), s \in S\}$ forme une partition de X, les ensembles P_s forment une partition de l'ensemble des pavés de rayon r. Ainsi, on définit λ, règle locale de la manière suivante :

$$\lambda(\varrho) = s, \text{ où } s \text{ est l'unique état tel que } \varrho \in P_s \ .$$

Montrons que f est bien régi par la règle λ. Soit x une configuration. On a, par shift-invariance, que pour toute position $i \in \mathbb{Z}^d$, $f(x)_i = \sigma_{-i}(f(x))_0 = f(\sigma_{-i}(x))_0$. Soit $s = f(\sigma_{-i}(x))_0$. On sait que le pavé central ϱ de $\sigma_{-i}(x)$ est dans P_s. Comme

$$\varrho = (\sigma_{-i}(x)_k)_{k \in \llbracket -r,r \rrbracket^d} = (x_{i+k})_{k \in \llbracket -r,r \rrbracket^d},$$

on a bien :

$$f(x)_i = s = \lambda(\varrho) = \lambda((x_{i+k})_{k \in \llbracket -r,r \rrbracket^d}) \ .$$

□

Ce résultat permet de montrer l'importance des automates cellulaires dans le cadre des systèmes dynamiques sur l'espace X puisque ce sont les seuls systèmes continus dans la topologie de Cantor ayant la bonne propriété de shift-invariance.

De plus, ces deux visions, automate à règle locale et comportement global continu, sont complémentaires dans l'étude de ces systèmes. Ainsi, pour étudier la dynamique des automates cellulaires, on peut aussi bien utiliser la théorie des langages, la dynamique symbolique, des considérations de topologie ou de théorie de la mesure.

1.2 Automates cellulaires

Le fait d'avoir une règle locale implique des règles simples reliant une configuration et son image. En effet, si l'on considère une configuration x quelconque et f un automate cellulaire de rayon r, alors, pour calculer la valeur des cellules $f(x)_i$ pour $i \in I$ où I est un sous-ensemble $\mathbb{Z}^d$, il suffit de connaître les valeurs des x_i pour $i \in J$ où $J = \{j, \exists i \in I \|i - j\|_\infty \leqslant r\}$. En particulier, si $I = [\![a, b]\!]^d$, alors $J = [\![a - r, b + r]\!]^d$. Ainsi, on peut étendre λ aux motifs : si $g \in S^J$, alors $\lambda(g) \in S^I$ est le résultat de l'application de la règle locale sur le motif où le voisinage est complet.

De plus, si l'on considère les itérés de f (c'est-à-dire $f \circ f$, $f \circ f \circ f$, etc.), chacun est un automate cellulaire. Plus précisément, f^k a pour rayon kr et on notera λ^k sa règle locale.

Les premières études des automates cellulaires étaient expérimentales. Elles ont mis en évidence la diversité des comportements observés. Afin d'illustrer le chaos des automates cellulaires, on utilise des diagrammes espace-temps. Un diagramme espace-temps est la représentation d'une orbite. Il consiste en la superposition des configurations obtenues par l'application de l'automate cellulaire à partir d'une configuration initiale donnée ; en général, soit elle est tirée au hasard, soit elle est bien particulière : par exemple toutes les cellules sauf une sont dans le même état.

Parmi les configurations, plusieurs d'entre elles jouent un rôle particulier car elles induisent des orbites particulières.

Considérons tout d'abord les configurations *monochromatiques* où toutes les cellules sont dans le même état. On notera $\bar{s}$ la configuration de X où toute cellule est dans l'état s. Si l'on applique un automate cellulaire sur la configuration monochromatique $\bar{s}$, on obtient à nouveau une configuration monochromatique dont la valeur est $\lambda(s, s, \ldots, s)$. Ainsi, sur les configurations monochromatiques, l'automate cellulaire se comporte comme un automate fini.

Considérons ensuite les configurations *spatialement périodiques* (on précise spatialement pour les distinguer des configurations temporellement périodiques). Une configuration x admet $p \in \mathbb{Z}^d$ comme *vecteur de périodicité* si pour toute position i, $x_i = x_{i+p}$. Une configuration est spatialement périodique si elle admet d vecteurs de périodicité linéairement indépendants. Dans ce cas, on appelle période de la configuration le plus petit entier p tel que les vecteurs pe_k soient des vecteurs de périodicité, où les e_k sont les vecteurs de la base canonique de $\mathbb{Z}^d$. Son existence vient du fait qu'une combinaison linéaire de vecteurs de périodicité est elle même un vecteur de périodicité. Si ϱ est un pavé de rayon r, on notera $\bar{\varrho}$ la configuration spatialement périodique de période $2r + 1$ qui répète ϱ suivant les d directions :

$$\bar{\varrho}_{(k_0, k_1, \ldots, k_{d-1})} = \varrho_{(k_0 \bmod p, k_1 \bmod p, \ldots, k_{d-1} \bmod p)} \;.$$

Les configurations spatialement périodiques jouent un rôle important pour plusieurs raisons. Tout d'abord, elles forment un sous-ensemble dense de X. En effet, pour tout $\varepsilon > 0$ et tout point $x \in X$, soit r tel que $2^{-r} < \varepsilon$. Si ϱ est le pavé central de x de rayon r, alors on a $d_C(x, \bar{\varrho}) < \varepsilon$. Ainsi, dans certains cas, la densité permet de limiter l'étude aux configurations périodiques. Par exemple, pour être surjectif, il suffit (mais n'est pas nécessaire) de l'être sur les configurations périodiques.

Ensuite, l'ensemble des configurations périodiques est stable par l'application d'un automate cellulaire et la période est décroissante (plus précisément, la période de x est un multiple de la période de $f(x)$). En effet, si x a pour période p, alors, pour e_k, vecteur de la base canonique de $\mathbb{Z}^d$, on a :

$$f(x)_{i+pe_k} = \lambda((x_{i+k+pe_k})_{k \in [\![-r,r]\!]^d}) = \lambda((x_{i+k})_{k \in [\![-r,r]\!]^d}) = f(x)_i \ .$$

On peut ainsi en déduire qu'une configuration spatialement périodique x est une configuration ultimement temporellement périodique. En effet, le nombre de configurations périodiques de période divisant p est fini et en conséquence, la suite $x, f(x), \ldots, f^k(x), \ldots$ possède deux fois la même configuration. Comme un élément de la suite ne dépend que du précédent, on en déduit l'existence de n et p tels que pour tout entier $i \geqslant 0$, $f^{n+pi}(x) = f^{n+i}(x)$. Si de plus la fonction f est injective, alors la période des $f^k(x)$ est constante et x est une configuration temporellement périodique.

Un autre avantage des configurations périodiques est d'être finiment représentable et de permettre de faire une simulation réelle de l'automate cellulaire sur un ordinateur. De plus, comme la période et donc la mémoire requise pour stocker la configuration n'augmente pas, cela permet de faire de longues simulations sans nécessiter trop de calculs. En plus, même en se restreignant aux configurations périodiques, on peut observer des comportements chaotiques.

Considérons enfin les *configurations finies*. On suppose que la règle locale a un état quiescent q, c'est-à-dire un état tel que $\lambda(q, \ldots, q) = q$ et donc tel que $\bar{q}$ est un point fixe de l'automate cellulaire. Une configuration finie est une configuration dont les cellules qui ne sont pas dans l'état q sont en nombre fini. On appelle *diamètre* de la configuration finie la distance (au sens de la norme infinie $\| \cdot \|_\infty$) séparant les deux coordonnées les plus éloignées des cellules qui ne sont pas dans l'état quiescent.

Comme pour les configurations périodiques, les configurations finies forment un sous-ensemble dense de X. En effet, pour tout $\varepsilon > 0$ et tout point $x \in X$, soit r tel quel $2^{-r} < \varepsilon$. Si ϱ est le pavé central de x de rayon r et y la configuration qui vaut q partout, sauf en son centre où elle est égale à ϱ, alors on a $d_C(x, y) < \varepsilon$. Comme pour les périodiques, la densité permet dans certains cas de limiter l'étude aux configurations finies.

Cependant, l'intérêt principal des configurations finies vient du théorème de Moore-Myhill :

Théorème 2 (E. F. Moore et J. Myhill, [25, 26]). *Un automate cellulaire est sur-jectif si et seulement si sa restriction aux configurations finies est injective.*

Par exemple, ce théorème permet aussi de démontrer qu'un automate cellulaire injectif est bijectif, puisqu'il est aussi injectif sur les finis.

Enfin, comme pour les configurations périodiques, les configurations finies étant finiment représentables, elles peuvent aussi être utilisées en simulation. En revanche, sans contrainte supplémentaire sur l'automate, le diamètre de la configuration et donc la mémoire requise augmente avec l'application de la règle globale et il est moins aisé de faire de longues simulations sur les configurations finies. C'est pourquoi la majorité des simulateurs se limite aux configurations périodiques.

1.3   Classification topologique du chaos

Une fois un système dynamique équipé d'une topologie, des définitions classiques de comportement plus ou moins chaotique existent. Ces définitions ont été appliquées aux automates cellulaires par Kůrka dans [21]. Elles divisent les automates cellulaires en quatre classes : les équicontinus, les presques équicontinus, les sensibles aux conditions initiales et les expansifs.

Définition 1 (équicontinuité). *Un automate cellulaire f est équicontinu si pour tout $\varepsilon > 0$, il existe $\delta > 0$ tel que :*

$$\forall x, y \in X, d_C(x, y) < \delta \Rightarrow \forall n \in \mathbb{N}, d_C(f^n(x), f^n(y)) < \varepsilon \ .$$

Cette classe contient les automates cellulaires les moins chaotiques. En effet, quand un automate est équicontinu, pour tout x, on peut toujours trouver un voisinage de x dont les orbites restent proches de celle de x. Elles restent dans un tuyau centré sur l'orbite de x et de diamètre aussi petit que l'on veut, comme illustré par la figure 1.1.

Dans le cadre de l'espace des configurations, cette définition peut s'interpréter en terme de pavé. En effet, le fait qu'un automate cellulaire soit équicontinu signifie que, pour un rayon de pavé r donné, il existe un rayon r' tel que, quelle que soit la configuration x, si l'on considère une configuration y dont le pavé central de rayon r' est le même que celui de x ($y \in [x]_{r'}$), alors les pavés centraux de rayon r de $f^k(x)$ et $f^k(y)$ pour tout k sont les mêmes ($f^k(y) \in [f^k(x)]_r$). Si l'on considère le diagramme espace-temps, cela signifie que l'évolution des pavés centraux de rayon r ne change pas quelle que soit la configuration initiale choisie dont le pavé central de rayon r' à la base est le même. En dimension 1, une telle colonne coupe l'espace-temps en deux. On appelle *mot bloquant* le mot situé à la

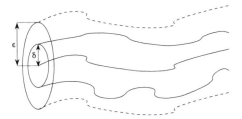

FIG. 1.1 – Équicontinuité.

base de la colonne quand r est plus grand que le rayon de l'automate. En effet, la présence d'un tel mot isole la partie gauche de la partie droite : la colonne au centre étant toujours la même, quelle que soit le reste de la configuration initiale et comme elle est plus large que le rayon, l'application de la règle locale ne peut pas voir simultanément ce qui se passe des deux côtés de la colonne. L'existence de mots bloquants permet d'avoir des résultats plus forts en dimension 1, comme par exemple le fait qu'un automate cellulaire est soit presque équicontinu, soit sensible. La figure 1.2 illustre la notion de colonne en dimension 1 et le fait qu'elle sépare l'espace en deux.

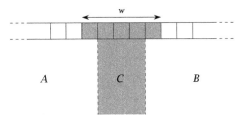

FIG. 1.2 – Exemple en dimension 1 : C est une colonne bloquante séparant les zones A et B.

La classe suivante capture les automates cellulaires qui présentent en certains points de l'espace des phases des caractéristiques d'équicontinuité. Cependant, cette définition ne fonctionne bien qu'en dimension 1, puisque dans les dimensions supérieures, il peut y avoir des automates qui ne possèdent pas de points d'équicontinuité mais qui ne sont pas non plus dans la classe suivante : celle des sensibles aux conditions initiales. Ceci est discuté plus en détails dans la suite de la section.

Définition 2 (sensibilité aux conditions initiales)**.** *Un automate cellulaire est* sensible aux conditions initiales *s'il existe un $\varepsilon > 0$ appelé* constante de sensibilité *tel que pour tout cylindre $[\![\varrho]\!]$, il existe deux configurations $x, y \in [\![\varrho]\!]$ et un entier n tel que $d_C(f^n(x), f^n(y)) > \varepsilon$.*

Cette définition décrit un système dont l'évolution est impossible à prévoir à partir de la mesure physique de la configuration initiale, puisque quelle que soit la précision de l'instrument de mesure (le diamètre de ϱ), la mesure effectuée (ϱ) ne permet pas de prévoir l'évolution du système. En effet, il existe deux configurations initiales compatibles avec la mesure qui finissent par diverger après n étapes. On ne peut prédire l'évolution qu'à ε près (figure 1.3). Si l'on considère l'espace

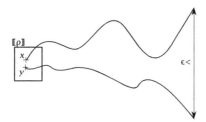

FIG. 1.3 – Sensibilité aux conditions initiales.

des configurations, la sensibilité signifie qu'un observateur qui ne regarde qu'une portion finie de la configuration ne pourra jamais prévoir l'évolution de la configuration mieux qu'un pavé dont la taille ne dépend pas de celle de la portion de configuration observée.

Remarque 1. Cette définition est équivalente à la définition classique de sensibilité aux conditions initiales qui dit qu'il existe un $\varepsilon > 0$ tel que pour tout x et pour tout r, il existe $y \in [x]_r$ et $n \in \mathbb{N}$ tel que $d_C(f^n(x), f^n(y)) > \varepsilon$. Bien que cette définition paraisse plus forte, la précédente donne qu'il existe y et z dans $[x]_r$ tels que $d_C(f^n(y), f^n(z)) > \varepsilon$. Par conséquent, par inégalité triangulaire, soit $d_C(f^n(x), f^n(y)) > \frac{\varepsilon}{2}$ soit $d_C(f^n(x), f^n(z)) > \frac{\varepsilon}{2}$.

La classe la plus chaotique de cette hiérarchie est la classe des automates cellulaires *expansifs*.

Définition 3 (expansivité). *Un automate cellulaire est* expansif *s'il existe $\varepsilon > 0$ appelé* constante d'expansivité *telle que pour toutes configurations distinctes x et y, il existe un entier $n \in \mathbb{N}$ tel que $d_C(f^n(x), f^n(y)) > \varepsilon$.*

Cette définition impose une contrainte très forte sur l'automate cellulaire, puisque dès que deux configurations diffèrent, même si les positions où se situent les différences sont très loin du centre, à partir d'un certain nombre d'applications de l'automate, l'impact de ces différences apparaît aux alentours des positions centrales. Cette contrainte est tellement forte qu'il n'existe d'automate expansif qu'en dimension 1 ([32]). Une règle expansive doit avoir un moyen de propager les différences vers la droite et vers la gauche pour être sûr que la différence atteint les positions centrales. Un moyen de forcer cette propagation est d'imposer à la règle locale d'être permutative à gauche et à droite : pour tous $a_1, \ldots, a_{2r-1}$, les fonctions $x \mapsto \lambda(x, a_1, \ldots, a_{2r-1})$ et $x \mapsto \lambda(a_1, \ldots, a_{2r-1}, x)$ sont des permutations. Il existe bien sûr des règles expansives qui ne sont pas permutatives.

Le fait qu'il n'existe pas d'expansif en dimension supérieure à 2 tend à prouver que la définition est trop forte. Comme la classe précédente des sensibles aux conditions est trop large pour capturer la notion d'automate cellulaire chaotique, plusieurs raffinements sont possibles.

Parmi les possibilités, on note les automates cellulaires *transitifs* et les automates cellulaires *fortement transitifs*. Ces classes apparaissent comme des intermédiaires naturels car elles correspondent à des définitions classiques en dynamique symbolique et s'interclassent correctement entre les sensibles aux conditions initiales et les expansifs.

Définition 4 (automate cellulaire transitif). *Un automate cellulaire est* transitif *si pour tous cylindres* $[\![\varrho]\!]$ *et* $[\![\varrho']\!]$, *il existe* $x \in [\![\varrho]\!]$ *et* $n \in \mathbb{N}$ *tels que* $f^n(x) \in [\![\varrho']\!]$.

Un automate cellulaire est transitif si quels que soient les cylindres $[\![\varrho]\!]$ et $[\![\varrho']\!]$, le premier contient une configuration dont l'orbite mène au second. Si l'on considère les configurations, cela signifie que si l'on impose un pavé ϱ au centre d'une configuration, on peut toujours la compléter de manière à forcer la configuration à admettre ϱ' en son centre une fois la règle locale suffisamment appliquée. Un exemple simple est le shift en dimension 1. En effet, la configuration $x = \cdots 0000\varrho\varrho'0000 \cdots$ centrée sur ϱ vérifie $f^{\frac{|\varrho| + |\varrho'|}{2}}(x) \in [\![\varrho']\!]$.

On peut renforcer cette définition de la manière suivante :

Définition 5 (automate cellulaire fortement transitif). *Un automate cellulaire est* fortement transitif *si pour tout cylindre* $[\![\varrho]\!]$ *et toute configuration y, il existe* $x \in [\![\varrho]\!]$ *et* $n \in \mathbb{N}$ *tels que* $f^n(x) = y$.

Pour être fortement transitif, un automate cellulaire doit pouvoir, quelle que soit la configuration y, avoir une orbite qui atteint y depuis tout cylindre $[\![\varrho]\!]$. Ainsi, malgré la contrainte d'un pavé ϱ au centre de la configuration, il doit y avoir un moyen de compléter la configuration pour que les itérations de l'automate conduisent à y.

Ces deux notions s'insèrent bien dans la hiérarchie de Kůrka grâce aux résultats suivants :

Proposition 1 (F. Blanchard, J. C. et E. Formenti, [1]). *Tout automate cellulaire transitif est sensible aux conditions initiales.*

Preuve. Commençons par prouver qu'un automate cellulaire transitif est sensible aux conditions initiales de constante de sensibilité 1. Soit f, un automate cellulaire qui n'est pas sensible aux conditions initiales. Ainsi, pour $\varepsilon = 1$, il existe un pavé $[\![\varrho]\!]_r$ tel que pour tous $x, y \in [\![\varrho]\!]$ et pour tout $n \in \mathbb{N}$, $d_C(f^n(x), f^n(y)) < \varepsilon$. Soit e_1 le premier vecteur de la base canonique et z une configuration contenant deux pavés ϱ centrés en $2re_1$ et $-2re_1$ (figure 1.4). Soient $x = \sigma_{2re_1}(z)$ et $y = \sigma_{-2re_1}(z)$. Par définition de z, $x \in [\![\varrho]\!]$ et $y \in [\![\varrho]\!]$. Par conséquent, pour tout n, $d_C(f^n(x), f^n(y)) < 1$, ce qui signifie que $f^n(x)_0 = f^n(y)_0$ et donc que pour tout n, $f^n(z)_{2re_1} = f^n(z)_{-2re_1}$. On en déduit que pour tout n, si u est la configuration :

$$u(x) = \begin{cases} a & \text{si } x \cdot e_1 \geqslant 0 \\ b & \text{sinon} \end{cases}$$

où a et b sont deux lettres quelconques et $\cdot$ représente le produit scalaire sur $\mathbb{Z}^d$, alors $f^n(z) \notin [u]_{4r}$. Ainsi, si v est la configuration contenant deux pavés ϱ centrés en $2re_1$ et $-2re_1$ et valant s partout ailleurs, où s est une lettre quelconque, alors on a que pour tout n et tout $z \in [v]_{4r}$, $f^n(z) \notin [u]_{4r}$, ce qui contredit le fait que f soit transitif. Par contraposée, on en déduit que tout transitif est sensible aux conditions initiales. □

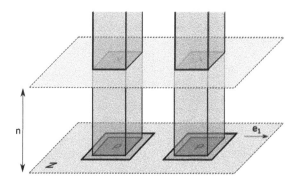

FIG. 1.4 – Quel que soit n, les pavés X sont les mêmes à partir de la configuration z.

La proposition suivante est évidente :

Proposition 2. *Tout automate cellulaire fortement transitif est transitif.*

Le résultat suivant termine la chaîne d'inclusions :

Proposition 3 (F. Blanchard, J. C. et E. Formenti, [1]). *Tout automate cellulaire expansif est fortement transitif.*

Preuve. Soit f un automate cellulaire expansif. On est donc en dimension 1. Dans [27], Nasu prouve que f est topologiquement conjugué à un full-shift uni-infini, ce qui signifie qu'il existe un alphabet fini Q et une bijection φ entre X et $Q^{\mathbb{N}}$ telle que :

  – φ est continue ;
  – φ^{-1} est continue ;
  – pour toute configuration x, $\sigma \circ \varphi(x) = \varphi \circ f(x)$.

Ceci signifie que le système dynamique f sur X est *conjugué* au système dynamique σ sur $Q^{\mathbb{N}}$. Ainsi, soient $[\![\varrho]\!]$ un cylindre de X et x une configuration. L'image $\varphi([\![\varrho]\!])$ est un ouvert et donc contient un cylindre $[\![w]\!]$ pour $w \in Q^*$. Soit u la configuration de $Q^{\mathbb{N}}$ résultat de concaténation de w et $\varphi(x)$ et $y = \varphi^{-1}(u)$. Comme $u \in [\![w]\!]$ on sait que $y \in [\![\varrho]\!]$ et comme $\sigma^{|w|}(u) = \varphi(x)$, on a :

$$x = \varphi^{-1}(\sigma^{|w|}(u)) = \varphi^{-1}(\sigma^{|w|}(\varphi(y))) = \varphi^{-1}(\varphi(f^{|w|}(y))) = f^{|w|}(y) \ .$$

On en déduit qu'il existe $y \in [\![\varrho]\!]$ et $n = |w|$ tels que $f^n(y) = x$ et donc que f est fortement transitif. $\qquad\qquad\square$

Pour résumer, nous avons une hiérarchie de classes du moins chaotique au plus chaotique :

  – les équicontinus ;
  – les automates cellulaires ni équicontinus ni sensibles ;
  – les sensibles aux conditions initiales non transitifs ;
  – les transitifs non fortement transitifs ;
  – les fortement transitifs non expansifs ;
  – les expansifs (seulement en dimension 1).

Remarque 2. Dans l'article original de Kůrka, les membres de la seconde classe sont définis comme presque équicontinus, ce qui signifie que l'automate a de grandes zones d'équicontinuité, c'est-à-dire que l'ensemble des points x tels que :

$$\forall \varepsilon > 0, \ \exists r \text{ tel que } \forall y \in [x]_r \ \forall n \in \mathbb{N}, \ d_C(f^n(x), f^n(y)) < \varepsilon$$

est une intersection d'ouverts denses. Cependant, cette définition ne s'applique pas aux dimensions supérieures à 2 puisqu'il existe des automates cellulaires non sensibles aux conditions initiales mais sans tel point x. Par conséquent, nous avons légèrement changé la définition. On peut remarquer qu'un automate cellulaire non sensible possède un pavé bloquant ce qui est une marque de stabilité qui justifie le fait de mettre tous les automates cellulaires non sensibles dans la seconde classe au lieu de mettre les automates cellulaires sans point d'équicontinuité dans la même classe que les sensibles.

1.4 Espace de Besicovitch

La hiérarchie précédente permet de décrire le degré de chaoticité d'un automate cellulaire du point de vue d'un observateur qui serait placé au centre de la configuration, n'en voyant exclusivement qu'une partie finie et qui tenterait de prédire ce qui va se passer. Cependant, ceci n'est pas toujours lié à ce que l'on entend intuitivement par l'idée de comportement chaotique. En effet, dans le cas du shift, l'observateur comprendrait le comportement de l'automate en voyant défiler la configuration, mais serait tout de même incapable de prédire ce qui va défiler par la suite.

Pour résoudre ce problème, plusieurs approches ont été tentées. Une première a été d'essayer d'ajouter des contraintes aux critères de chaoticité, comme par exemple la densité de l'ensemble des points temporellement périodiques. Pour choisir ces contraintes, un moyen simple permet de diminuer l'importance du shift : choisir des propriétés invariantes par la composition avec le shift (si f a la propriété, $f \circ \sigma$ aussi), ce qui assure que le shift est dans la même classe que l'identité.

Une autre idée est d'autoriser l'observateur à se déplacer le long de la configuration, ce qui permet d'annuler les effets du shift. Dans ce cas, on étudie l'évolution de $(\sigma^{\lfloor \alpha n \rfloor} \circ f^n(x))_{n \in \mathbb{N}}$ pour $x \in X$ et $\alpha \in \mathbb{R}$, c'est-à-dire l'orbite de x mais décalée régulièrement d'un pas réel [31].

Enfin, une autre solution est de changer la manière d'observer les configurations, c'est-à-dire essayer d'utiliser d'autres topologies. En effet, la topologie de Cantor se focalise sur la partie centrale de la configuration : deux configurations égales seulement sur la cellule centrale sont plus proches que deux configurations qui ne diffèrent qu'au niveau de la cellule centrale. Pour limiter les effets du shift, on recherche une métrique qui fasse du shift une isométrie ($d(x, y) = d(\sigma(x), \sigma(y))$). En effet, la plupart des définitions topologiques du chaos considèrent les distances à laquelle se trouvent les points des orbites considérées compte tenu d'hypothèses sur la distance séparant leurs conditions initiales, c'est-à-dire $d(f^n(x), f^n(y))$ en fonction de $d(x, y)$. Si la fonction f étudiée est une isométrie, alors $d(f^n(x), f^n(y)) = d(x, y)$ et par conséquent, f est équicontinue.

Dans [4], Cattaneo *et. al.* introduisent une nouvelle topologie appelée «topologie de Besicovitch». Cette topologie tend à minimiser l'importance des cellules centrales des configurations en calculant le nombre moyen de différences entre les deux configurations. La définition est la suivante :

Définition 6 (pseudo-distance de Besicovitch). *Si ϱ et ϱ' sont deux pavés de même taille, on note $d_H(\varrho, \varrho')$ la distance de Hamming entre ϱ et ϱ', c'est-à-dire le nombre de positions où ϱ et ϱ' diffèrent (formellement, $|\{i \in \mathbb{Z}^d, u_i \neq b_i\}|$).*
Si x et y sont deux configurations de X, on note $x_{\to r}$ (resp. $y_{\to r}$) le pavé de rayon r situé au centre de x (resp. y). En particulier, on a $[x]_r = [\![x_{\to r}]\!]$. Alors, la pseudo-distance de Besicovitch *séparant x et y est :*

$$d_B(x, y) = \limsup_{r \to \infty} \frac{d_H(x_{\to r}, y_{\to r})}{(2r + 1)^d} \; .$$

Comme indiqué dans la définition, d_B n'est qu'une pseudo-distance, c'est-à-dire qu'elle est bien réflexive et admet l'inégalité triangulaire (directement depuis l'inégalité triangulaire de la distance de Hamming) mais n'est pas antisymétrique. En effet, si deux configurations ne diffèrent qu'en leurs centres, alors le quotient vaut $\frac{1}{(2r+1)^d}$ qui tend vers 0. Cela signifie que pour en faire un espace métrique, il faudra quotienter l'espace X par la relation d'équivalence $\doteq$ définie par $x \doteq y$ si $d_B(x, y) = 0$. On notera $\dot{X}$ l'espace $\frac{X}{\doteq}$ et si $x \in X$ est une configuration, on notera $\dot{x}$ la classe d'équivalence de $\dot{X}$ à laquelle appartient x.

Note. La définition de d_B doit faire intervenir une limite supérieure pour les raisons suivantes. D'une part, on n'est pas sûr de l'existence de la limite : on peut construire une configuration c dont le taux de 1 oscille régulièrement entre $\frac{1}{3}$ et $\frac{2}{3}$ en juxtaposant des blocs de 1 puis des blocs de 0. Par conséquent, la limite pour sa comparaison avec la configuration $\overline{0}$ n'existe pas. On est donc contraint de choisir une limite supérieure ou une limite inférieure. D'autre part, on ne peut choisir la limite inférieure car dans ce cas, d_B ne vérifie pas l'inégalité triangulaire. En effet, si l'on reprend la configuration c, son taux de 0 oscille aussi entre $\frac{1}{3}$ et $\frac{2}{3}$ et donc, on aurait $d_B(c, \overline{0}) = d_B(c, \overline{1}) = \frac{1}{3}$ alors que $d_B(\overline{0}, \overline{1}) = 1$.

Les propriétés topologiques du nouvel espace topologique $\dot{X}$ ont été étudiées dans [4] et [2]. L'espace $\dot{X}$ est complet, de cardinal continu, connexe par arcs et sans points isolés. En revanche, il n'est ni compact ni séparable.

Le résultat suivant montre que l'étude des automates cellulaires sur $\dot{X}$ peut être faite en considérant un membre d'une des classes de $\dot{X}$ au lieu de la classe entière :

Proposition 4 (G. Cattaneo, E. Formenti, L. Margara et J. Mazoyer, [4]). *La relation d'équivalence $\doteq$ est compatible avec tout automate cellulaire f, c'est-à-dire que pour tout x et y, $x \doteq y \Rightarrow f(x) \doteq f(y)$.*

Preuve. Pour a et b deux lettres, nous noterons $\delta(a, b) = 1$ si $a = b$ et $\delta(a, b) = 0$ sinon. Soient x et y deux configurations équivalentes, λ la règle locale de f et r

son rayon. On a, pour tout en entier n :

$$
\begin{aligned}
d_H(f(x)_{\to n}, f(y)_{\to n}) &= \sum_{\|i\|_\infty \leqslant n} \delta(f(x)_i, f(y)_i) \\
&= \sum_{\|i\|_\infty \leqslant n} \delta(\lambda((x_{i+k})_{|k| \leqslant r}), \lambda((y_{i+k})_{|k| \leqslant r})) \\
&\leqslant \sum_{\|i\|_\infty \leqslant n} \sum_{|k| \leqslant r} \delta(x_{i+k}, y_{i+k}) \\
&= \sum_{|k| \leqslant r} \sum_{\|i\|_\infty \leqslant n} \delta(x_{k+i}, y_{k+i}) \\
&\leqslant \sum_{|k| \leqslant r} d_H(x_{\to n+|k|}, y_{\to n+|k|}) \\
&\leqslant (2r+1)^d d_H(x_{\to n+r}, y_{\to n+r}) \ .
\end{aligned}
$$

En divisant l'équation précédente par $(2n+1)^d$ et en calculant la limite supérieure quand n tend vers l'infini, on en déduit que $d_B(f(x), f(y)) \leqslant (2r+1)^d d_B(x, y) = 0$. □

À présent, tout automate cellulaire f peut agir sur l'espace $\dot{X}$. En effet, nous noterons $\dot{f}$ l'application qui à une classe $\dot{x} \in \dot{X}$ associe la classe $f(x)$. Cette dernière est bien définie puisqu'on obtient la même classe quel que soit le représentant y choisi de $\dot{x}$ d'après la proposition précédente. Notons que la preuve précédente montre que $\dot{f}$ est $(2r+1)^d$-Lipschitzien et donc uniformément continue sur $\dot{X}$.

Le fait de travailler sur les classes d'équivalence peut a priori changer certaines propriétés des automates cellulaires. Les résultats suivants prouvent qu'ils conservent cependant plusieurs de leurs propriétés élémentaires. Le premier démontre que la surjectivité passe à l'équivalence :

Théorème 3 (F. Blanchard, E. Formenti et P. Kůrka, [2]). *L'automate cellulaire f est surjectif si et seulement si la fonction $\dot{f}$ est surjective.*

Le second résultat montre que la conséquence du théorème de Moore-Myhill (théorème 2) est toujours vraie dans $\dot{X}$:

Théorème 4 (F. Blanchard, J.C. et E. Formenti, [1]). *Si la fonction $\dot{f}$ est injective, alors elle est bijective.*

Le théorème de Moore-Myhill en lui-même n'a pas de sens sur $\dot{X}$ puisque les configurations finies sont toutes dans la classe $\dot{0}$.

En ce qui concerne les classes de Kůrka, [4, 2] montrent que les deux classes les moins chaotiques se transmettent d'une topologie à l'autre :

23

Théorème 5 (F. Blanchard, G. Cattaneo, E. Formenti, L. Margara, J. Mazoyer et P. Kůrka, [4, 2]). *Si l'automate f est équicontinu alors f est équicontinue. Si f est sensible aux conditions initiales, alors f aussi.*

Le shift, qui est sensible aux conditions initiales dans la topologie de Cantor et équicontinu dans la topologie de Besicovitch, prouve que la réciproque est fausse.

En revanche, l'appartenance aux classes chaotiques change. En effet, il n'y a ni transitifs, ni fortement transitifs, ni expansifs. Le fait qu'il n'y a pas d'expansif est prouvé dans [2] ; les deux autres résultats sont traités au chapitre suivant. Ainsi, la classe des automates cellulaires les plus chaotiques devient la classe des sensibles aux conditions initiales, classe la plus naturelle et reconnue dans la plupart des domaines. Cette classe est non vide puisque l'automate cellulaire sur l'alphabet $\{0, 1\}$, où la règle locale effectue la somme modulo 2 de ses deux voisins, est sensible aux conditions initiales ([4]).

Chapitre 2

Automates cellulaires et complexité algorithmique

Une approche originale de l'étude des automates cellulaires, aussi bien en tant que systèmes dynamiques discrets qu'au point de vue structurel, est l'utilisation de la complexité de Kolmogorov.

La complexité de Kolmogorov est un outil qui permet de décrire la quantité d'information présente dans un objet formel d'un point de vue algorithmique. L'intérêt principal de cette notion est qu'elle n'utilise pas de notions stochastiques et que, par conséquent, on peut considérer la complexité d'un objet seul, sans pour autant avoir à prendre en compte l'ensemble de tous les objets, ni devoir faire des calculs en moyenne comme en théorie de l'information classique. En effet, tous les mots sur l'alphabet $\{1, 2, 3, 4, 5, 6\}$ d'une taille donnée ont la même probabilité d'être obtenus comme le résultat d'un tirage aléatoire à partir d'un dé à six faces non faussé. Cependant, si l'on considère les deux mots suivants :

666666666666666666666666666666666666666666666666666666666666
254262514232326511556344333222611164252544463233616523343352

le second serait qualifié d'aléatoire et non le premier.

Le principe de la complexité de Kolmogorov est de considérer toutes les manières de décrire un mot et de ne conserver que la plus courte. Ainsi, la phrase «soixante fois le chiffre six» permet de décrire le premier mot d'une manière courte alors que le second ne peut être décrit que par son énoncé complet : «le mot deux cinq quatre deux six deux cinq un quatre deux trois deux trois deux six cinq un un cinq cinq six trois quatre quatre trois trois trois deux deux deux six un un un six quatre deux cinq deux cinq quatre quatre quatre six trois deux trois trois six un six cinq deux trois trois quatre trois trois cinq deux».

Pour formaliser cette idée, on considère que la complexité de la séquence est la taille de la meilleure manière de la représenter pour qu'elle soit décodée et affichée par un programme donné. Bien sûr, le choix du programme fait varier la valeur de la complexité. Par exemple, si l'on considère les séquences 010101 et 65536, la première est représentée plus efficacement par une expression régulière : $(01)^3$ et la seconde par une expression arithmétique 2^{16}. Cependant, en utilisant des résultats de calculabilité, Kolmogorov et Solomonoff ont démontré l'existence d'un programme optimal, c'est-à-dire qui représente les chaînes de manière au moins aussi courte que n'importe quel autre programme, à une constante additive près (théorème 6).

La complexité de Kolmogorov n'étant pas calculable ([23, théorème 2.3.2]), elle n'est pas utilisée comme mesure pratique de la complexité d'un objet donné. Ainsi, on distingue généralement deux utilisations de la complexité de Kolmogorov. La première est une aide à la démonstration. Cette méthode, appelée «incompressibility method» dans [23, chapitre 6], utilise le fait que la majorité des objets sont incompressibles pour simplifier les preuves combinatoires. Par exemple, dans une preuve par l'absurde, au lieu de compter la quantité d'objets qui ont une propriété et montrer qu'il y en a soit trop soit trop peu, on se contente de ne considérer qu'un seul objet, mais supposé incompressible. La seconde est un outil, à l'instar de l'entropie, qui permet de quantifier le degré de complexité d'un objet mathématique. L'avantage de la complexité de Kolmogorov est de s'appliquer à tous les objets mathématiques, du moment que l'on peut l'exprimer comme une chaîne de caractères finie. L'inconvénient est qu'elle n'est pas calculable et définie à une constante près. Ainsi, même si l'on arrive souvent à l'encadrer par des valeurs qui correspondent à ce dont on a besoin, son utilisation est moins intuitive et c'est probablement la raison pour laquelle elle reste assez peu utilisée.

2.1 Complexité de Kolmogorov

Dans cette section, nous donnons la définition de la complexité de Kolmogorov et ses principales propriétés.

La complexité de Kolmogorov est initialement définie sur les mots (finis) sur l'alphabet $\{0, 1\}$. Nous verrons par la suite que cette limitation est en fait très peu contraignante puisque pour calculer la complexité d'un objet mathématique quelconque, il suffit de pouvoir le représenter comme un mot sur $\{0, 1\}$, de n'importe quelle manière, sans que le choix du codage ne modifie la complexité obtenue.

2.1.1 Notions et définitions

Pour introduire la complexité de Kolmogorov, il est nécessaire de faire appel à la notion de *fonction partielle* utilisée en calculabilité, par opposition aux *fonctions totales* qui correspondent à celles utilisées classiquement en mathématiques.

Une fonction partielle φ de A dans B est une fonction définie sur un sous-ensemble de A appelé *domaine* de la fonction et noté Dom φ. Si φ et ψ sont deux fonctions partielles, leur *composition* notée $\varphi \circ \psi$ est la fonction partielle dont le domaine est $\{x \in \text{Dom } \psi, \ \psi(x) \in \text{Dom } \varphi\}$ et telle que $\varphi \circ \psi(x) = \varphi(\psi(x))$. Quand une fonction partielle φ est injective, on note son *inverse* φ^{-1}, la fonction partielle définie sur le domaine $\{x, \ \exists y \varphi(y) = x\}$ et qui à x associe l'unique y tel que $\varphi(y) = x$.

Une fonction partielle φ est *calculable* s'il existe un algorithme (machine de Turing, programme en n'importe quel langage de programmation) qui, sur l'entrée x, ne s'arrête pas (boucle infinie, exception, plantage...) si $x \notin \text{Dom } \varphi$ et retourne $\varphi(x)$ sinon. Par la suite, nous parlerons de machines de Turing, mais tout autre système acceptable de programmation est envisageable. La composée de deux fonctions partielles calculables est calculable, ainsi que l'inverse d'une fonction calculable : un algorithme, certes inefficace, qui calcule $\varphi^{-1}(x)$ pourrait être un programme qui essaye d'appliquer φ en parallèle à toutes les entrées y possibles et retourne le permier (et unique) y qu'il trouve dont l'image par f est x. Cet algorithme ne s'arrête donc pas si x n'a pas de pré-image par φ.

Un *système de représentation* est une fonction partielle calculable de $(\{0,1\}^*)^2$ dans $\{0,1\}^*$. C'est ce programme qui décode la représentation d'un mot de $\{0,1\}^*$ et prend deux arguments pour les besoins de la définition formelle. Aucune autre propriété n'est imposée à un système de représentation. En particulier, on n'impose pas que tout mot ait un codage, ni qu'un mot n'ait qu'un seul codage.

On peut donner une première définition de complexité de Kolmogorov :

Définition 7. (complexité de Kolmogorov selon un système de représentation) Soit φ un système de représentation. La *complexité de Kolmogorov selon φ* d'un mot w *sachant* un mot v, noté $K_\varphi(w|v)$ est la longueur du plus petit mot u tel que $\varphi(u, v) = w$, ou ∞ s'il n'existe pas :

$$K_\varphi(w|v) = \min\{|y|, \ y \in \{0,1\}^* \text{ et } \varphi(y, v) = w\} \ ,$$

où $\min \emptyset = \infty$ par convention.

Si u est tel que $\varphi(u, v) = w$, on dit que y est un *programme* pour w sachant v (selon φ) ; s'il est l'un des plus courts, on dit que u est un *plus court programme* pour w sachant v (selon φ).

La *complexité de Kolmogorov selon φ* d'un mot w, noté $K_\varphi(w)$ est :

$$K_\varphi(w) = K_\varphi(w|\varepsilon),$$

où ε est le mot vide.

Si u est tel que $\varphi(u, \varepsilon) = w$, on dit que y est un *programme* pour w (selon φ) ; s'il est l'un des plus courts, on dit que u est un *plus court programme* pour w (selon φ).

On appelle programme le premier paramètre passé à un système de représentation à cause des systèmes de représentation additivement optimaux, introduits dans le théorème 6, où il représente un programme qui sera exécuté par la machine de Turing universelle.

Pour l'instant, la définition de complexité de Kolmogorov n'est pas robuste puisqu'elle dépend d'un système de représentation. Le théorème suivant montre qu'il existe un système de représentation au moins aussi bon que tout autre :

Théorème 6 (A. Kolmogorov et R. Solomonoff). *Il existe un système de représentation φ_0 additivement optimal, c'est-à-dire tel que pour tout système de représentation φ, il existe une constante c ne dépendant que de φ telle que, pour tous mots v et w :*

$$K_{\varphi_0}(w|v) \leqslant K_\varphi(w|v) + c \ .$$

Preuve. L'idée qui permet la définition d'un système de représentation additivement optimal est d'inclure dans la forme codée d'un mot le programme optimal pour le décoder. Pour cela, il est nécessaire de définir une manière spéciale de joindre le programme et l'entrée. D'une part, si u est un mot, on notera :

$$u^{\times 2} = u_0 u_0 u_1 u_1 \ldots u_{|u|-1} u_{|u|-1}$$

et d'autre part, si v et w sont deux mots :

$$v \odot w = v^{\times 2} 01 w \ .$$

Par exemple, pour $u = 101$ et $v = 1001$ on obtient $u^{\times 2} = 110011$ et $u \odot v = 110011011001$.

Le codage $v \odot w$ a deux propriétés. La première est qu'à partir du mot $v \odot w$, un algorithme peut reconstruire v et w : la première occurrence de 01 marque la fin de $v^{\times 2}$ et le début de w et il est facile de trouver v à partir de $v^{\times 2}$. La seconde est que $|v \odot w| = 2|v| + 2 + |w|$.

Soit φ_0, le système de représentation défini, pour $p \in \mathbb{N}$ et $w, v \in \{0, 1\}^*$ par $\varphi_0(\tilde{p} \odot w, v) = T_p(w, v)$, où $\tilde{p}$ est la représentation de p en binaire et $T_p(w, v)$ est le résultat du calcul de la $p^{\text{ème}}$ machine de Turing sur l'entrée (w, v). La fonction φ_0 est bien calculable puisque l'on peut écrire un algorithme qui reconstruit p, w et v à partir de l'entrée et que la théorie de la calculabilité prouve que $T_p(w, v)$ est calculable.

Montrons que φ_0 est optimal. Soit φ un système de représentation. Comme φ est calculable, il est calculé par une machine de Turing dont le numéro est p. Soient v et w deux mots et u un plus court programme pour w sachant v selon φ. On a en particulier $|u| = K_\varphi(w|v)$. De plus, comme $\varphi_0(\tilde{p} \odot u, v) = w$, on en déduit

28

que $\tilde{p} \odot u$ est un programme pour w sachant v selon φ_0. Comme $K_{\varphi_0}(w|v)$ est la taille d'un plus court programme, on en déduit que :

$$K_{\varphi_0}(w|v) \leqslant |\tilde{p} \odot u| = 2|\tilde{p}| + 2 + |u| = 2|\tilde{p}| + 2 + K_\varphi(w|v) \ .$$

On en déduit que $c = 2|\tilde{p}| + 2$ (qui ne dépend bien que de φ) permet de prouver l'optimalité additive de φ_0. □

Il est à présent possible de définir la complexité de Kolmogorov.

Définition 8 (complexité de Kolmogorov). *Soit φ_0 un système de représentation additivement optimal. La complexité de Kolmogorov d'un mot w sachant v est :*

$$K(w|v) = K_{\varphi_0}(w|v)$$

et la complexité de Kolmogorov d'un mot w est :

$$K(w) = K(w|\varepsilon) \ .$$

Remarque 3. Cette définition peut sembler manquer de robustesse du fait du choix arbitraire d'un système de représentation additivement optimal. Ce manque de robustesse est au moins compensé par le fait que deux complexités définies sur des systèmes de représentation additivement optimaux distincts ne diffèrent que d'une constante fixée, qui ne dépend que des deux systèmes de représentation. De plus, il est illusoire de penser pouvoir surmonter ce point en conservant cette approche puisque, pour tout mot w, il existe un système de représentation additivement optimal tel que $\varphi(\varepsilon, \varepsilon) = w$ et donc tel que $K_\varphi(w) = 0$.

2.1.2 Relations élémentaires

Nous allons à présent voir quelques relations élémentaires sur la complexité de Kolmogorov. La plupart sont des conséquences du fait que le système de représentation sous-jacent, que nous noterons φ_0, est additivement optimal : on a que pour tout système de représentation φ, il existe une constante c telle que :

$$\forall w, v \in \{0, 1\}^*, K(w|v) \leqslant K_\varphi(w|v) + c \ . \tag{$*$}$$

Nous montrons une première relation qui donne une borne supérieure sur la valeur de la complexité de Kolmogorov : la complexité d'un mot x est inférieure à la taille de x. On prouve ce résultat en formalisant le fait que le programme «retourner x» est un programme pour x dont la taille est à peu près $|x|$.

Relation 1. Il existe une constante c telle que pour tous mots w et v,

$$K(w|v) < |w| + c \ .$$

Preuve. Soit π le système de représentation défini par $\pi(w,x) = w$. D'après l'équation (∗), il existe une constante c telle que :

$$K(w|v) < K_\pi(w|v) + c \ .$$

Comme w est un programme pour w selon π, on sait que $K_\pi(w|v) \leqslant |w|$. On conclut que :

$$K(w|v) < K_\pi(w|v) + c = |w| + c \ .$$

□

La seconde relation nous permet de dire que si l'on connaît un moyen calculable de produire w à partir de v, alors w a au plus la complexité de v. Bien sûr, pour que ce résultat soit exploitable, du fait de la constante, il faut raisonner globalement pour un grand nombre de mots.

Relation 2. Soient f et g deux fonctions partielles calculables. Il existe une constante c telle que, pour tous mots $w \in \mathrm{Dom}\, f$ et $v \in \mathrm{Dom}\, g$:

$$K(f(w)|v) < K(w|g(v)) + c \ .$$

Si de plus f et g sont injectives, alors :

$$|K(f(w)|v) - K(w|g(v))| < c \ .$$

Preuve. Comme f et g sont calculables, la fonction φ définie par $\varphi(u,v) = f(\varphi_0(u, g(v)))$ est un système de représentation. Soit c, la constante introduite dans l'équation (∗) appliquée à φ et soient $w \in \mathrm{Dom}\, f$ et $v \in \mathrm{Dom}\, g$. Choisissons u un plus court programme pour w sachant $g(v)$ selon φ_0. On a donc $|u| = K(w|g(v))$ et $\varphi_0(u, g(v)) = w$. Ainsi, $\varphi(u,v) = f(\varphi_0(u, g(v))) = f(w)$. Le mot u est donc un programme pour $f(w)$ sachant v selon φ et donc $K_\varphi(f(w)|v) \leqslant |u|$. Or, comme $K(f(w)|v) < K_\varphi(f(w)|v) + c$, on en déduit que :

$$K(f(w)|v) < K_\varphi(f(w)|v) + c \leqslant |u| + c = K(w|g(v)) + c$$

ce qui termine la première partie de la preuve.

Si, de plus, f et g sont injectives, alors on peut appliquer le résultat précédent à f^{-1} et g^{-1} : il existe une constante c' telle que pour tous mots $v' \in \mathrm{Dom}\, g^{-1}$ et $w' \in \mathrm{Dom}\, f^{-1}$:

$$K(f^{-1}(w')|v') < K(w'|g^{-1}(v')) + c' \ .$$

En l'appliquant avec $w' = f(w)$ et $v' = g(v)$, on obtient :

$$K(w|g(v)) < K(f(w)|v) + c'$$

ce qui achève la seconde partie de la preuve.

□

Cette relation permet d'établir les relations entre les complexités des mots et de leurs images par une fonction calculable. Une conséquence directe de cette relation est que l'on peut à présent définir la complexité d'un objet mathématique quelconque. En effet, il suffit de définir sa complexité comme celle d'une représentation de cet objet par une suite de 0 et 1, quelle qu'elle soit. En effet, dès que l'on peut passer d'une représentation à une autre par un algorithme, la complexité ne diffère que d'une constante qui ne dépend que des deux manières de représenter l'objet. Par exemple, pour un graphe, on peut choisir de le représenter par une matrice d'adjacence ou une liste de sommets et de successeurs. Ainsi, par abus de notation, pour tous objets mathématiques O et O' finiment représentables (entier, couple, suite finie, graphe, ensemble fini, mot sur un alphabet dénombrable quelconque, programme, preuve, *etc.*), on notera $K(O|O')$ la complexité $K(s_O|s_{O'})$ où s_O (resp. $s_{O'}$) est une représentation sous forme de séquence binaire de O (resp. O'). En particulier, on notera $K(x, y)$ la complexité du couple d'entier (x, y).

En ce qui concerne les objets non finiment représentables (fonction non calculable, ensemble quelconque, configuration), on ne peut avoir de définition universelle car on peut en donner plusieurs, chacune acceptable. Ainsi le choix de la définition dépend de l'utilisation et du domaine.

La relation suivante est celle qui relie la complexité d'une paire à la complexité de ses membres. Pour plus de lisibilité, nous noterons $\langle x, y \rangle$ une représentation en binaire de la paire (x, y).

Relation 3. Il existe une constante c telle que, pour tous mots x, y et v,

$$K(\langle x, y \rangle | v) < K(x|v) + K(y|\langle v, x \rangle) + 2 \log_2(K(x|v)) + c \ .$$

En particulier, ce résultat permet de prouver l'*inégalité triangulaire pour la complexité de Kolmogorov* :

$$K(x|y) < K(x|z) + K(z|y) + 2 \log_2(K(x|z)) + c$$

puisqu'il existe des constantes c_1, c_2 et c_3 telles que pour tout x, y et z :

$$
\begin{aligned}
K(x|y) < K(\langle z, x \rangle | y) + c_1 \ &< \ K(z|y) + K(x|\langle y, z \rangle) + 2 \log_2(K(z|y)) + c_2 \\
&< \ K(z|y) + K(x|z) + 2 \log_2(K(z|y)) + c_3 \ .
\end{aligned}
$$

Preuve. Soit $x \oplus y$ défini par : $x \oplus y = \ell(x) \odot xy$ où $\ell(x)$ est la longueur de x écrite en binaire et $\odot$ est le codage défini dans le preuve du théorème 6. Cette nouvelle manière de joindre deux mots vérifie aussi que x et y peuvent être reconstruits à partir de $x \oplus y$ et que $|x \oplus y| = 2 + 2\lceil \log_2 |x| \rceil + |x| + |y|$. Soit φ le système de représentation défini par :

$$\varphi(x \oplus y, v) = \langle \varphi_0(x, v), \varphi_0(y, \langle v, \varphi_0(x, v) \rangle) \rangle \ .$$

Soit c, la constante de l'équation $(\star)$ appliquée à φ_0. Soit z un plus court programme pour x sachant v et z' un plus court programme pour y sachant $\langle v, x \rangle$. On a : $|z| = K(x|v)$ et $|z'| = K(y|\langle v, x \rangle)$. De plus, comme on a que $\varphi_0(z, v) = x$ et que $\varphi_0(z', \langle v, \varphi_0(z, v) \rangle) = \varphi_0(z', \langle v, x \rangle) = y$, on sait que $\varphi(z \circledast z', v) = \langle x, y \rangle$ et donc que $z \circledast z'$ est un programme pour $\langle x, y \rangle$ sachant v selon φ. Ainsi, on calcule que :

$$
\begin{aligned}
K(\langle x, y \rangle | v) \ &< \ K_\varphi(w|v) + c \leqslant |z \circledast z'| + c \\
&= \ 2 + 2\lceil \log_2 |z| \rceil + |z| + |z'| + c \\
&\leqslant \ K(x|v) + K(y|\langle v, x \rangle) + 2\log_2(K(x|v)) + 3 + c
\end{aligned}
$$

qui est la relation à montrer. $\qquad\qquad\qquad\qquad\qquad\qquad\qquad\qquad\qquad\qquad$ $\square$

Une conséquence simple de ce théorème est que $K(\langle x, y \rangle) \leqslant K(x) + K(y) + \log_2(K(x)) + c$. Elle montre que la complexité d'une paire est inférieure à la somme des complexités de ses membres. Bien sûr, elle peut être bien inférieure, comme par exemple lorsque $x = y$ ou du moins que $x = f(y)$ pour une certaine fonction calculable f. Grâce à la relation 2, on sait que $K(\langle x, y \rangle) > K(x) + c$ et donc que le cas $x = y$ est celui où $\langle x, y \rangle$ a la plus faible complexité par rapport à celles de x et y. En fait, on peut trouver des exemples où la complexité de $K(\langle x, y \rangle)$ va continûment de $\max(K(x), K(y))$ à $K(x) + K(y) - \log_2(\min(K(x), K(y)))$. Plus la complexité de la paire (x, y) est faible comparée à celle des membres, plus on dit que la quantité d'*information mutuelle* de x et y est grande.

Remarque 4. Les constantes qui interviennent dans les relations précédentes sont un obstacle à l'écriture et la lisibilité des preuves. Tout d'abord, l'utilisation multiple des relations oblige à introduire un grand nombre de constantes, mais le plus difficile est de les quantifier proprement. En effet, pour obtenir le résultat, il est souvent nécessaire que ces constantes soient indépendantes des variables de la preuve. C'est en général le cas puisque les constantes qui lient la complexité d'une paire à celles de ses membres ou la complexité de $f(x)$ à celle de x ne dépend que de f ou de la manière de coder la paire. Ainsi, pour écrire la preuve rigoureusement, il faudrait quantifier toutes les constantes au début, avant tout autre raisonnement, ce qui rendrait la preuve illisible. Ainsi, pour simplifier, on fera apparaître des constantes en les nommant $c_1, c_2, \ldots$ sans les quantifier. Elles seront universelles et indépendantes des autres variables.

2.1.3 Incompressibilité

Grâce à la complexité de Kolmogorov, on peut à présent donner une définition informatique de mot aléatoire. La relation 1 nous dit que la complexité d'un mot x est inférieure à la taille de x. Quand cette borne est atteinte, on dit que la séquence est aléatoire.

Définition 9 (incompressibilité). *Soit $c \in \mathbb{N}$ une constante. On dit qu'un mot w est c-incompressible si :*

$$K(w) \geqslant |w| - c \ .$$

Il faut noter que cette définition permet de dire si un mot particulier est aléatoire sans considération probabiliste. En revanche, du fait des constantes additives, l'ensemble des mots incompressibles dépendra du système de représentation choisi. Cependant, si l'on considère un ensemble de mots incompressibles pour une certaine constante c, on sait qu'ils sont également incompressibles pour une autre constante c' avec un autre système de représentation. Ainsi, la notion devient indépendante du système de représentation dès que l'on considère des ensembles infinis, ou plus généralement, des objets mathématiques infinis.

La proposition suivante prouve que la définition de mot incompressible n'est pas creuse.

Proposition 5. *Soit $c \in \mathbb{N}$ une constante. Il existe au moins $2^{n+1} - 2^{n-c}$ mots c-incompressibles de longueur inférieure ou égale à n.*

En d'autres termes, il y a une proportion d'au moins $1 - 2^{-(c+1)}$ mots c-incompressibles parmi les mots de longueur inférieure ou égale à n.

Preuve. Comme un programme ne correspond qu'à un ou aucun mot ; il ne peut pas y avoir plus de mots dont la complexité est strictement inférieure à n que le nombre de programmes de taille strictement inférieure à n, soit $2^n - 1$. Ainsi, $|\{w, K(w) < n\}| \leqslant 2^n - 1$. Soit $C_n = \{w, K(w) < |w| - c \text{ et } |w| \leqslant n\}$ l'ensemble des mots de taille inférieure à n, qui ne sont pas c-incompressibles. Comme $C_n \subset \{w, K(w) < n - c\}$ on a que $|C_n| \leqslant 2^{n-c} - 1$. On en déduit que le nombre de mots c-incompressibles de longueur au plus n, cardinal du complémentaire de C_n dans l'ensemble des mots de longueur inférieure à n est supérieur à $2^{n+1} - 2^{n-c}$. $\quad\square$

Cette proposition est la base de l'«incompressibility method». En effet, la majorité des mots sont incompressibles : la moitié a une complexité qui atteint la borne supérieure de la longueur et pour tout réel positif $\alpha < 1$, le nombre de mots dont la complexité est inférieure à α multiplié par leur taille est négligeable. Ainsi, au lieu de considérer un mot quelconque, on peut souvent supposer sans perte de généralité qu'il est incompressible.

On peut encore renforcer la définition de mot incompressible en imposant en plus qu'il ait une forte complexité conditionnelle à un autre mot.

Définition 10. *Soit y un mot quelconque et c une constante. Un mot w est c-indépendant de y si :*

$$K(w|y) > |w| - c.$$

On montre le résultat suivant :

Proposition 6. *Soit $c \in \mathbb{N}$ constante et y un mot quelconque. Il y a au moins $2^n - 2^{n-c} + 1$ mots c-indépendants de y de longueur égale à n.*

Preuve. Soit $n \in \mathbb{N}$. Comme dans la preuve précédente, sur une même entrée y, un programme correspond au plus à un mot. Il ne peut y avoir plus de mots dont la complexité est strictement inférieure à $n-c$ que le nombre de programmes de taille strictement inférieure à $n-c$, soit $2^{n-c}-1$. Ainsi, $|\{w, K(w|y) < n-c \text{ et } |w| = n\}| \leqslant 2^{n-c} - 1$. On en déduit que le nombre de mots c-indépendants de y de longueur égale à n, c'est-à-dire le cardinal du complémentaire de $\{w, K(w|f(n)) < n - c \text{ et } |w| = n\}$ dans l'ensemble des mots de taille n est supérieur à $2^n - 2^{n-c} + 1$. $\square$

Le résultat suivant exprime la notion intuitive que les préfixes d'un mot à forte complexité sont eux-mêmes complexes puisque dans le cas contraire, le mot complet pourrait être simplifié :

Proposition 7. *Il existe une constante c telle que, pour tout mot w et pour tout entier $n < |w|$, on a :*

$$K(w_{\to n}|y) \geqslant n - |w| + K(w|y) - 2 \log_2 \min\{|w| - n, n\} - c$$

où $w_{\to n}$ indique le préfixe $w_0 \ldots w_n$ de w.
En particulier, si w est c'-indépendant de y,

$$K(w_{\to n}|y) \geqslant n - 2 \log_2 \min\{|w| - n, n\} - c - c' \ .$$

Comme la complexité d'un mot est la même que celle de son miroir, on peut obtenir une inéquation analogue pour les suffixes et les facteurs de w.

Preuve. Soit z le suffixe de w tel que $w = w_{\to n}z$. De plus, en utilisant les relations 2 et 3, comme on peut reconstruire w à partir de $w_{\to n}$ et z, on a :

$$K(w|y) \leqslant K(w_{\to n}|y) + K(z) + 2 \log_2 \min\{K(w_{\to n}|y), K(z)\} + c_1 \ ,$$

et donc :

$$K(w_{\to n}|y) \geqslant K(w|y) - K(z) - 2 \log_2 \min\{K(w_{\to n}|y), K(z)\} - c_1 \ .$$

De plus, par les relations 1 et 3, on a $K(z) \leqslant |w| - n + c_2$ et $K(w_{\to n}|y) \leqslant n + c_3$. En injectant ces inégalités dans l'équation précédente, on obtient :

$$K(w_{\to n}|y) \geqslant n - |w| + K(w|y) + 2 \log_2 \min\{n, |w| - n\} + c_4 \ .$$

D'après la remarque 4, la constante c_4 ne dépend pas de w, c, y et n. $\square$

Une autre manière de présenter les mots aléatoires fait appel aux tests de Martin-Löf. L'idée est qu'un mot n'est pas aléatoire s'il est sélectionné par un test de singularité. Cette notion doit être définie formellement pour avoir les bonnes propriétés et surmonter le problème que tout x appartient à un ensemble de mesure nulle, même s'il est aléatoire. Ainsi, on peut obtenir un test universel et définir convenablement la notion.

Le théorème suivant synthétise la notion de test d'une manière plus simple et démontre que pour tout «test de singularité» raisonnable, les mots sélectionnés ne sont pas incompressibles à partir d'une certaine taille. Ainsi, une manière simple d'utiliser l'«incompressibility method» est de trouver une contradiction entre le fait d'avoir un objet incompressible et le fait qu'il ait une singularité.

Théorème 7. *Soit E un sous-ensemble récursivement énumérable de $\{0,1\}^*$.*

Si $|E \cap \{0,1\}^n| = o(\frac{2^n}{n \log_2 n})$, alors pour toute constante c, il existe un M tel que tous les mots de E de longueur supérieure à M ne sont pas c-incompressibles.

S'il existe une constante c telle que $|E \cap \{0,1\}^n| \leqslant \frac{2^{n-c}}{n \log_2 n}$, alors les mots de E ne sont pas c'-incompressibles pour un certain c'.

Preuve. Soit ψ une énumération calculable de E qui ne répète jamais deux fois le même mot. Soit f la fonction calculable à paramètres entiers telle que $f(x,y)$ est le $y^{\text{ème}}$ mot de longueur x dans l'énumération de E par ψ. Comme ψ est sans répétition, f est injective. D'après la relation 2, pour tout mot w de E, $K(w) < K(f^{-1}(w)) + c_1$.

Soit $u_n = |E \cap \{0,1\}^n|$. Si w est un mot de longueur n de E, on sait qu'il est le $k^{\text{ème}}$ mot de longueur n énuméré par ψ, avec $k < u_n$. Ainsi, on a $f^{-1}(w) = \langle n, k \rangle$ et par conséquent, d'après la relation 3, $K(w) < K(n) + K(k) + 2 \log_2 K(n) + c_2$. Comme $|n| \leqslant \log_2 n + 1$, on obtient, d'après la relation 1, que :

$$K(w) < \log_2 n + \log_2 \log_2 n + \log_2 k + c_3 \leqslant \log_2 n + \log_2 \log_2 n + \log_2 u_n + c_3 \ .$$

Si $u_n = o(\frac{2^n}{n \log_2 n})$, alors $\log_2(u_n) - n + \log_2 n + \log_2 \log_2 n$ tend vers $-\infty$ et il existe un entier M tel que dès que $n > M$, $\log_2(u_n) < n - \log_2 n - \log_2 \log_2 n - c_3 - c$. Ainsi, les membres w de E dont la longueur est plus grande que M vérifie $K(w) < |w| - c$ et donc sont c-incompressibles.

S'il existe une constante c telle que $u_n \leqslant \frac{2^{n-c}}{n \log_2 n}$, alors $\log_2 u_n \leqslant n - c - \log_2 n - \log_2 \log_2 n$ et donc pour tout mot w de E, $K(w) < |w| - c - c_3$. On conclut qu'ils sont $c + c_3$-incompressibles. □

2.2 Aide à la preuve

L'une des grandes utilisations de la complexité de Kolmogorov est l'aide à la démonstration. Dans le cadre des automates cellulaires, elle est encore assez peu utilisée car méconnue des dynamiciens et assez difficile à maîtriser au premier abord.

2.2.1 Incompressibilité dans les automates cellulaires

Pour appliquer facilement la complexité de Kolmogorov, plusieurs propositions techniques sont nécessaires. Cependant, elles sont suffisamment générales pour pouvoir servir à d'autres preuves.

La première concerne la complexité d'un ensemble d'entiers :

Proposition 8. *Il existe une constante c telle que si E un ensemble d'entiers positifs, alors :*

$$K(E) \leqslant |E| \log_2 \frac{\max E}{|E|} + 2|E| \log_2 \log_2 \frac{\max E}{|E|} + c \ .$$

Preuve. Sans perte de généralité, on suppose que tous les entiers sont supérieurs à 3. Ordonnons les entiers de E par ordre croissant :

$$u_0 < u_1 < \ldots < u_n \ .$$

Posons $v_0 = u_0$ et pour tout $i \in [\![1, n]\!]$, $v_i = u_i - u_{i-1}$. On peut reconstruire l'ensemble E s'il l'on peut construire la suite des v_i, par conséquent, on sait que :

$$K(E) \leqslant c_1 + \sum_{i=0}^{n} \log_2 v_i + 2 \log_2 \log_2 v_i \ .$$

Comme $\log_2$ et $\log_2 \circ \log_2$ sont des fonctions concaves, on sait que :

$$
\begin{aligned}
\sum_{i=0}^{n} \log_2 v_i + 2 \log_2 \log_2 v_i \ &\leqslant \ n \left(\log_2 \frac{\sum_{i=0}^{n} v_i}{n} + 2 \log_2 \log_2 \frac{\sum_{i=0}^{n} v_i}{n} \right) \\
&= \ n \left(\log_2 \frac{u_n}{n} + 2 \log_2 \log_2 \frac{u_n}{n} \right) \ .
\end{aligned}
$$

On conclut que :

$$K(E) \leqslant n \log_2 \frac{u_n}{n} + 2n \log_2 \log_2 \frac{u_n}{n} + c_1 \ .$$

□

Cette proposition est utilisée dans la proposition 10 pour borner la complexité d'un ensemble de positions d'une configuration.

Le suivant concerne l'existence d'une suite de grande complexité.

Proposition 9. *Il existe a une suite de $\{0,1\}^{\mathbb{N}}$ telle qu'il existe $N \in \mathbb{N}$:*

$$\forall n > N, K(a_{\to n}) \geqslant \frac{n}{4} \ ,$$

où $a_{\to n}$ est le préfixe de longueur n de a.

Preuve. Notons que d'après les relations 1, 2 et 3, pour tous mots u et v :

$$K(v) \leqslant K(uv) + \log_2 |u| + 2\log_2 \log_2 |u| + c_1,$$

et donc :

$$K(uv) \geqslant K(v) - \log_2 |u| - 2\log_2 \log_2 |u| - c_1 \ .$$

Nous allons construire a en définissant ses préfixes a_k pour k prenant les puissances de 2 en ordre croissant. Comme on cherche à avoir une forte complexité des préfixes seulement à partir d'un certain rang n, on commence le processus en posant arbitrairement $a_0 = 0$. Ensuite, supposons $a_{\to 2^n}$ construit. Soit w un mot 0-incompressible de longueur 2^n. On pose $a_{\to 2^{n+1}} = a_{\to 2^n} w$. Par définition de la constante c_1, on a que $K(a_{\to 2^{n+1}}) \geqslant K(w) - n - 2\log_2 n - c_1 \geqslant 2^n - n - 2\log_2 n - c_1$. Ainsi, on construit a tel que pour tout n,

$$K(a_{\to 2^n}) \geqslant 2^{n-1} - n - 2\log_2 n - c_2 \ .$$

Soit m un entier quelconque et n le plus grand entier tel que $m \geqslant 2^n$. Par définition de c_1, on a $K(a_{\to m}) \geqslant K(a_{\to 2^n}) - n - 2\log_2 n - c_1$ et donc que :

$$K(a_{\to m}) \geqslant 2^{n-1} - 2n - 4\log_2 n - c_3 \ .$$

Comme $2^{n-1} \geqslant \frac{n}{4}$, on conclut qu'à partir d'un certain rang,

$$K(a_{\to n}) \geqslant \frac{n}{4} \ .$$

$\square$

Note. On peut faire beaucoup mieux que $\frac{n}{4}$, en construisant a telle que $K(a_{\to n}) = n + O(\log_2 n)$ grâce à la propriété suivante :

$$K(x,y) = K(x) + K(y|x) + O(\log_2 K(x,y)) \ ,$$

(voir [23, théorème 2.8.2] pour la preuve, un peu ardue et calculatoire). On construit toujours a par préfixes $a_{\to 2^n}$. Supposons que $a_{\to 2^n}$ est construit et supposons que $K(a_{\to 2^n}) \geqslant 2^n - O(n)$. On peut choisir w de sorte qu'il soit 0-indépendant de $a_{\to 2^n}$ et poser $a_{\to 2^{n+1}} = a_{\to 2^n} w$. Remarquons que l'on peut obtenir (x,y) à partir de xy en connaissant $|x|$ ou $|y|$ et donc $K(a_{\to 2^n}, w) \leqslant K(a_{\to 2^{n+1}}) + n + 2\log_2 n + O(1)$. Ainsi,

$$\begin{aligned} K(a_{\to 2^{n+1}}) &\geqslant K(a_{\to 2^n}) + K(w|a_{\to 2^n}) - n - 2\log_2 n + O(\log_2 K(w, a_{\to 2^n})) \\ &\geqslant 2^n + 2^n - O(n) = 2^{n+1} - O(n) \ . \end{aligned}$$

37

Enfin, soit m un entier quelconque et n le plus petit entier tel que $m \leqslant 2^n$. On conclut d'après la proposition 7 par :

$$K(a_{\to m}) \geqslant m - 2^n + K(a_{\to 2^n}) - 2n - O(1) \geqslant m - O(n) \ .$$

Le fait d'avoir une suite binaire complexe nous permet de fabriquer n'importe quel objet mathématique complexe : celui dont la représentation est la suite a. Ceci fonctionne à condition que la représentation soit telle que n'importe quelle suite code un objet valide.

Par exemple on peut construire une configuration complexe. Pour cela, on se dote d'un ordre $(v_j)_{j \in \mathbb{N}}$ calculable de tous les indices de $\mathbb{Z}^d$ tel que pour tout $i < j$, $\|v_i\|_\infty \leqslant \|v_j\|_\infty$. Un exemple en dimension 2 est donné figure 2.1. On pose x la configuration définie par $x_{v_i} = a_i$. Grâce à la relation vérifiée par l'ordre, on sait que la complexité du pavé central de rayon r assez grand est $\frac{(2r+1)^d}{4} - c$ pour une constante c (la preuve de l'existence de a permet d'avoir $c = 0$).

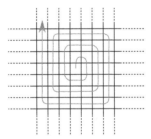

FIG. 2.1 – Exemple d'ordre v tel que pour tout $i < j$, $\|v_i\|_\infty \leqslant \|v_j\|_\infty$.

Le résultat suivant borne la complexité relative de deux pavés à faible distance de Hamming l'un de l'autre.

Proposition 10. *Il existe une constante c telle que pour tous pavés ϱ et ϱ' de rayon r sur l'alphabet S, tels que $d_H(\varrho, \varrho') \leqslant \varepsilon(2r+1)^d$ et pour tout $\varepsilon > 0$, on a :*

$$K(\varrho'|\varrho) \leqslant \varepsilon(\log_2 |S| + \log_2 \varepsilon^{-1} + \log_2 \log_2 \varepsilon^{-1})(2r+1)^d + c \ .$$

Preuve. Soient $(p_i)_{i \in [\![0,m]\!]}$ les positions où les pavés ϱ et ϱ' diffèrent. Pour reconstruire ϱ' à partir de ϱ, il suffit de connaître les positions p_i et les lettres ϱ'_{p_i}. Or, pour connaître les positions p_i, il suffit de connaître l'ensemble des indices dans l'ordre v des positions p_j. Cet ensemble a $\varepsilon(2r+1)^d$ éléments et la valeur maximum est $(2r+1)^d$. De plus, il faut $\varepsilon(2r+1)^d \log_2 |S|$ bits pour indiquer les nouvelles valeurs prises. On en déduit, d'après la proposition 8 :

$$K(\varrho'|\varrho) \leqslant \varepsilon(2r+1)^d \left(\log_2 |S| + \log_2 \frac{(2r+1)^d}{\varepsilon(2r+1)^d} + \log_2 \log_2 \frac{(2r+1)^d}{\varepsilon(2r+1)^d} \right) + c$$

$$\leqslant \varepsilon(\log_2 \varepsilon^{-1} + \log_2 \log_2 \varepsilon^{-1})(2r+1)^d + c .$$

$\square$

Cette proposition s'étend naturellement aux configurations dans la topologie de Besicovitch :

Corollaire 1. *Il existe une constante c telle que, si x et y sont deux configurations sur l'alphabet S telles que $d_B(x, y) \leqslant \varepsilon$, alors il existe un entier N tel que pour tout $n > N$:*

$$K(x_{\to n}|y_{\to n}) \leqslant 2\varepsilon(\log_2 |S| + \log_2 \varepsilon^{-1} + \log_2 \log_2 \varepsilon^{-1})(2n+1)^d + c .$$

Preuve. En effet, par définition de la distance de Besicovitch, la limite supérieure de la suite $\frac{d_H(x_{\to n}, y_{\to n})}{(2n+1)^d}$ tend vers ε. Par conséquent, elle passe au dessous de 2ε à partir d'un certain rang. $\square$

Enfin, un atout de la complexité de Kolmogorov est qu'à partir du moment où un algorithme est capable de déduire une information d'une autre, alors leurs complexités sont liées. Comme un automate cellulaire est une forme d'algorithme, on peut facilement montrer deux résultats. Le premier concerne simplement la complexité de $f(x)$ sachant x :

Proposition 11. *Il existe une constante c telle que, si f est un automate cellulaire de rayon r sur l'alphabet S, alors :*

$$K(f(x)_{\to n}|x_{\to n}) \leqslant 2dr(2n+2r+1)^{d-1} \log_2 |S| + K(f) + 2\log_2 K(f) + c .$$

Preuve. Soit r le rayon de f. Comme f est un automate cellulaire, pour calculer $f(x)_{\to n}$, il suffit de connaître f et $x_{\to n+r}$. Ainsi, pour calculer $f(x)_{\to n}$ à partir de $x_{\to n}$, il suffit de connaître f et la frontière de largeur r de $x_{\to n+r}$. La taille de cette frontière est inférieure à $2dr(2n+2r+1)^{d-1}$ cellules ($2d$ hyperplans de largeur r) contenant un élément de S. Par conséquent, il existe une constante c telle que :

$$K(f(x)_{\to n}|x_{\to n}) \leqslant 2dr(2n+2r+1)^{d-1} \log_2 |S| + K(f) + 2\log_2 K(f) + c .$$

$\square$

Dans certains cas, on ne s'intéresse pas seulement à l'évolution d'une configuration selon l'action d'un automate ; on peut aussi étudier ce qui se passe quand on remonte le temps. Par exemple, la notion d'*ensemble limite* contient toutes les configurations qui sont à l'origine d'une chaîne infinie d'applications par f^{-1}.

En ce qui concerne les automates cellulaires surjectifs, le résultat suivant pose une contrainte forte sur les antécédents d'une configuration par f :

Théorème 8 (A. Maruoka et M. Kimura, [24]). *Tout automate cellulaire surjectif f est balancé, c'est-à-dire que pour tous pavés ϱ et ϱ' de même rayon, $|f^{-1}(\varrho)| = |f^{-1}(\varrho')|$.*

Ainsi, si f est un automate cellulaire surjectif de rayon r et d'alphabet S. On sait qu'il y a $|S|^{(2n+1)^d}$ pavés de rayon n et, par le théorème précédent, que chacun d'entre eux a $|S|^{(2n+2r+1)^d-(2n+1)^d} \leqslant |S|^{2dr(2n+2r+1)^{d-1}}$ antécédents.

Ce fait a une influence directe sur la complexité d'une configuration x sachant $f(x)$:

Proposition 12. *Il existe une constante c telle que, quel que soit f, automate cellulaire surjectif sur l'alphabet S et de rayon r :*

$$K(x_{\to n}|f(x)_{\to n}) \leqslant 2dr(2n+1)^{d-1}\log_2|S| + K(f) + 2\log_2 K(f) + c \ .$$

Preuve. À partir de f et $f(x)_{\to n}$, il existe un algorithme qui peut calculer les moins de $|S|^{2dr(2n+1)^{d-1}}$ antécédents de $f(x)_{\to n-r}$ par une application exhaustive de f sur tous les pavés de rayon n et les ordonner par ordre lexicographique (ou n'importe quel autre ordre calculable). Ainsi, la seule information dont a besoin un algorithme pour trouver x est son numéro d'ordre parmi les autres antécédents. Vu qu'il y a au plus $|S|^{2dr(2n+1)^{d-1}}$ antécédents, la taille de l'information nécessaire est $2dr(2n+1)^{d-1}\log_2|S|$. On conclut que :

$$K(x_{\to n}|f(x)_{\to n}) \leqslant 2dr(2n+1)^{d-1}\log_2|S| + K(f) + 2\log_2 K(f) + c \ .$$

$\square$

2.2.2 Application à la transitivité dans l'espace de Besicovitch

Un problème ouvert de [2] était de savoir s'il existait des automates cellulaires transitifs dans l'espace de Besicovitch. En utilisant la complexité de Kolmogorov, on peut démontrer assez simplement que la réponse est négative. L'idée de la preuve est la suivante : dans l'espace de Besicovitch, le fait que deux configurations x et y sont à une distance $\frac{1}{n}$ l'une de l'autre signifie que x et y partagent en moyenne une proportion de $\frac{n-1}{n}$. Ainsi, si un automate transitif existait, pour tout couple de configurations x et y, il serait possible de modifier une très faible proportion de cases de x pour tomber sur configuration x' dont l'orbite s'approche de y : une très faible proportion des cases d'un $y' = f^n(x')$ est différente de celles de y. Or, le corollaire 1 nous prouve que les complexités de y et y' sont très proches ainsi que celles de x et x'. De même, d'après la proposition 11, les complexités de x et $f^n(x)$ sont aussi très proches. On en déduit que x et y sont de complexités voisines quelles que soient x et y, ce qui contredit l'existence de mots c-indépendants.

Théorème 9 (F. Blanchard, J. C. et E. Formenti, [1]). *Il n'y a pas d'automate cellulaire transitif dans la topologie de Besicovitch.*

Preuve. Par l'absurde, supposons qu'il existe un automate cellulaire f transitif, de rayon r d'alphabet S. Sans perte de généralité, on suppose que $\{0, 1\} \subset S$.

Soit y la configuration $\overline{0}$ et x la configuration telle que à forte complexité introduite après la proposition 9. On sait que $K(x_{\to n}) + c_1 \geqslant K(a_{\to (2n+1)^d}) = \frac{(2n+1)^d}{4}$ à partir d'un certain N.

Comme f est transitive, pour tout $\varepsilon > 0$ il existe deux configurations x' et y' et un entier k tels que $d_B(x, x') \leqslant \frac{\varepsilon}{2}$, $d_B(y, y') \leqslant \frac{\varepsilon}{2}$ et $f^k(y') = x'$.

Comme $f^k(y') = x'$ et que f^k est un automate cellulaire de rayon kr, d'après la proposition 11, on en déduit que :

$$K(x'_{\to n}|y'_{\to n}) \leq 2dkr(2n + 2kr + 1)^{d-1} \log_2 |S| + K(f) + 2\log_2 K(f) + c_2 \ .$$

Comme $d_B(x, x') \leqslant \frac{\varepsilon}{2}$ et $d_B(y, y') \leqslant \frac{\varepsilon}{2}$, d'après le corollaire 1, on sait que pour n assez grand :

$$K(x_{\to n}|x'_{\to n}) \leqslant \varepsilon(\log_2 |S| + \log_2 \varepsilon^{-1} + \log_2 \log_2 \varepsilon^{-1})(2n + 1)^d + c_4,$$

et

$$K(y'_{\to n}|y_{\to n}) \leqslant \varepsilon(\log_2 |S| + \log_2 \varepsilon^{-1} + \log_2 \log_2 \varepsilon^{-1})(2n + 1)^d + c_4 \ .$$

D'après l'inégalité triangulaire de la complexité de Kolmogorov (relation 3), on a donc que :

$$K(x_{\to n}) \leqslant K(x_{\to n}|x'_{\to n}) + K(x'_{\to n}|y'_{\to n}) + K(y'_{\to n}|y_{\to n}) + K(y_{\to n}) + 6d\log_2(2n+1) + c_5 \ .$$

Comme $y = \overline{0}$, $K(y_{\to n}) = \log_2 n + c_6$, pour n assez grand :

$$\begin{aligned} K(x_{\to n}) \ \leqslant \ & 2\varepsilon(\log_2 |S| + \log_2 \varepsilon^{-1} + \log_2 \log_2 \varepsilon^{-1})(2n + 1)^d \\ & + \ 2dkr(2n + 2kr + 1)^{d-1}\log_2 |S| + K(f) + 2\log_2 K(f) + \log_2 n + c_7 \ . \end{aligned}$$

Soit $C = K(f) + 2\log_2 K(f) + c_7$, indépendant de n. D'après la propriété de complexité de x, on en déduit que pour n assez grand :

$$\frac{(2n+1)^d}{4} \leq 2\varepsilon(\log_2 |S| + \log_2 \varepsilon^{-1} + \log_2 \log_2 \varepsilon^{-1})(2n+1)^d$$
$$+ 2dkr(2n + 2kr + 1)^{d-1}\log_2 |S| + \log_2 n + C \ .$$

En résumant, pour tout $\varepsilon > 0$, il existe une infinité de n tels que :

$$\frac{1}{4} \leq 2\varepsilon(\log_2 |S| + \log_2 \varepsilon^{-1} + \log_2 \log_2 \varepsilon^{-1})$$
$$+\frac{4dkr\log_2 |S|}{(2n+1)} + \frac{\log_2 n + C}{(2n+1)^d}$$
$$= 2\varepsilon(\log_2 |S| + \log_2 \varepsilon^{-1} + \log_2 \log_2 \varepsilon^{-1}) + o(1),$$

ce qui est impossible pour ε suffisamment petit (la notation $o(1)$ est définie par rapport à la variable n). □

2.2.3 Application à la complexité des automates cellulaires

Un autre domaine de l'étude des automates cellulaires, particulièrement adapté à l'utilisation de la complexité de Kolmogorov est la complexité des automates cellulaires comme modèle de calcul.

Comme exemple, nous verrons une réécriture d'une preuve de [33] que le langage $L = \{uvu, u,v \in \{0,1\}^*, |u| > 1\}$ n'est pas reconnaissable par un automate cellulaire de dimension 1, unidirectionnel, en temps réel. La preuve originale est purement combinatoire. Nous allons voir comment reprendre les idées de la preuve en simplifiant les calculs à l'aide de la complexité de Kolmogorov.

Un automate cellulaire unidirectionnel est un automate dont la règle locale ne dépend pas des voisins de gauche mais seulement des voisins de droite. Ainsi, l'information transite de droite à gauche.

La reconnaissance de langage par un automate cellulaire (de dimension 1 dans ce cadre) se fait de la manière suivante. On utilise un automate cellulaire de rayon 1 dont l'alphabet Q contient l'alphabet du langage à reconnaître. On distingue parmi les états de Q un sous-ensemble d'états d'acceptation. Pour savoir si l'automate reconnaît un mot w, on initialise l'automate avec la configuration finie qui vaut w où l'état quiescent est choisi hors de l'alphabet du langage ; on suppose que le début du mot se trouve à la case 0. L'automate accepte le mot si la cellule à la position 0 atteint un état d'acceptation. Dans la cadre de la complexité, on s'intéresse au temps que met l'automate pour accepter un mot en fonction de sa longueur. Le résultat de [33] concerne la reconnaissance en temps réel, c'est-à-dire que l'automate accepte l'entrée en un nombre d'étapes de calcul égal à la taille du mot. Il est impossible d'avoir une meilleur complexité car l'information concernant la fin du mot n'a pas le temps d'arriver à la première cellule et l'automate ne peut que caractériser la propriété d'un préfixe du mot.

Remarque 5. Comme en complexité sur machine de Turing, il n'est pas nécessaire d'avoir d'état de rejet puisque lorsque le temps maximum est passé, on sait que l'automate rejette le mot.

Le résultat est le suivant :

Théorème 10 (V. Terrier, [33]). *Le langage $L = \{uvu, u, v \in \{0, 1\}^*, |u| > 1\}$ n'est pas reconnaissable en temps réel par un automate cellulaire unidirectionnel (dimension 1, rayon 1, alphabet quelconque $Q \supset \{0, 1\}$).*

Preuve. On peut écrire un algorithme qui transforme un automate cellulaire f sur l'alphabet Q unidirectionnel qui reconnaît un langage L en automate cellulaire f_Σ qui reconnaît le langage $L_\Sigma = \{uvu, u, v \in \Sigma^*, |u| > 1\}$ où $\Sigma = \{l_0, \dots, l_{k-1}\}$ est un alphabet fini quelconque : soit $m = \lceil \log_2 k \rceil$ et $w_i = 1u_0 1u_1 \dots 1u_{m-1} 00$ où $u_0 \dots u_{m-1}$ est le codage de i en binaire. Un mot $l_{i_0} \dots l_{i_n}$ est dans le langage L_Σ si et seulement si le mot $w_{i_0} \dots w_{i_n}$ est dans L. L'ensemble d'états de f_Σ sera $\Sigma \cup Q^{2m+2}$ où w_i et l_i sont assimilés. Ainsi, si λ est la règle locale de f, la règle locale de f_Σ fonctionnera ainsi : si une cellule contient la lettre l_c et la cellule à sa droite la lettre l_d, son nouvel état sera $\lambda^{2m+2}(w_c w_d)$ où λ^{2m+2} est la règle locale de f^{2m+2}. L'automate cellulaire f_Σ fonctionne bien en temps réel puisque sur une entrée de taille n, il simule f sur une entrée de taille $(2m + 2)n$, mais à chaque étape de calcul, f_Σ effectue $2m + 2$ étapes de calculs de f.

Par l'absurde, supposons que l'on a un automate cellulaire unidimensionnel f sur l'alphabet Q qui reconnaît L en temps réel. Soit n un entier fixé et $m = \lceil \log_2 n \rceil$. Alors, d'après les remarques précédentes, on sait que l'on peut à partir de n construire un automate cellulaire $f_{[\![0,n-1]\!]}$ qui reconnaît $L_{[\![0,n-1]\!]}$ en temps réel. Soit w un mot 0-incompressible de longueur $n(n-1)$. On définit l'ensemble A de couples d'entiers de $[\![0, n-1]\!]$ par :

$$A = \{(x, y), \text{la } nx + y^{\text{ème}} \text{ lettre de } w \text{ est } 1\} \ .$$

Comme A peut être calculé à partir de w et réciproquement, on sait que $K(A) = K(w) + c_1 = |w| + c_1 = n(n-1) + c_1$ (d'après la remarque 4, c_1 ne dépend pas de n). Ordonnons $A = \{(x_0, y_0), (x_1, y_1), \dots, \}$ arbitrairement. Soit u le mot construit ainsi :

$$u_0 = y_0 x_0$$
$$u_{i+1} = u_i y_{i+1} x_{i+1} u_i$$
$$u = u_{|A|-1} \ .$$

43

D'après [33, lemme 1], on sait que pour tous $x, y \in [\![0, n-1]\!]$, $(x, y) \in A \Leftrightarrow xuy \in L_{[\![0,n-1]\!]}$.

Soit $\lambda_{[\![0,n-1]\!]}$ la règle locale de $f_{[\![0,n-1]\!]}$ et F l'ensemble des états finaux. Par définition d'un automate cellulaire, on a que pour tous mots x, y et w,

$$\lambda_{[\![0,n-1]\!]}^{|w|}(xwy) = \lambda_{[\![0,n-1]\!]}^{|w|}(xw)\lambda_{[\![0,n-1]\!]}^{|w|}(wy),$$

(voir figure 2.2). Ainsi,

$$(x, y) \in A \Leftrightarrow xuy \in L \Leftrightarrow \lambda_{[\![0,n-1]\!]}(\lambda_{[\![0,n-1]\!]}^{|u|}(xu), \lambda_{[\![0,n-1]\!]}^{|u|}(uy)) \in F \ .$$

On en conclut qu'en connaissant la table des valeurs de $\lambda_{[\![0,n-1]\!]}^{|u|}(xu)$ et $\lambda^{|u|}(ux)$ pour toute lettre $x \in [\![0, n-1]\!]$, liste des $2n$ valeurs de Q^{2m+2}, un algorithme peut calculer A (la connaissance du mot u n'est pas nécessaire). On a donc :

$$
\begin{aligned}
K(A) &\leqslant 2n(2m+2)\lceil \log_2 Q \rceil + c_2 \\
&\leqslant 2n(2\lceil \log_2 n \rceil + 2)\lceil \log_2 |Q| \rceil + c_2 = O(n \log_2 n) \ .
\end{aligned}
$$

Comme Q ne dépend pas de n puisque c'est l'ensemble d'états de f et que $K(A) \geqslant n(n-1) - c_1 = O(n^2)$, on a une contradiction pour n suffisamment grand.   □

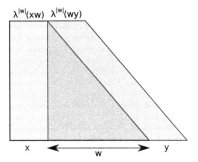

FIG. 2.2 – Illustration du fait que $\lambda^{|w|}(xwy) = \lambda^{|w|}(xw)\lambda^{|w|}(wy)$.

2.3 Complexité algorithmique générée par un automate cellulaire

Dans cette partie, nous voyons un autre aspect de la complexité de Kolmogorov : un outil de description de la complexité d'un objet. En le faisant intervenir dans la description du comportement des automates cellulaires, on espère avoir une autre vision moins classique de ce que peut être un automate cellulaire chaotique. En effet, plus il faut d'information pour décrire les empreintes du système laissées sur les instruments de mesure de l'observateur, plus on peut estimer qu'il est chaotique.

2.3.1 Automate cellulaire à évolution ultime complexe

Comme premier exemple, nous allons étudier la complexité que peut engendrer un automate cellulaire au regard de la complexité de Kolmogorov, en étendant un résultat de Durand *et. al.* sur les pavages complexes ([12]). L'étude porte sur le modèle des tuiles de Wang, tuiles carrées dont les côtés sont colorés. On dispose d'un jeu fini de tuiles et on cherche à paver le plan en juxtaposant autant de copies que nécessaire des tuiles originales, de telle sorte que les bords côte à côte soient de la même couleur. Dans [12], on se dote d'un ensemble de tuiles qui pave le plan et l'on cherche à trouver quelle est la complexité des pavages obtenus. Comme c'est un objet infini, on regarde la complexité asymptotique de motifs de plus en plus grands.

L'article ne concerne que des tuiles de Wang en dimension 2. Les deux principaux résultats sont les suivants. D'une part, la contrainte d'être généré à partir d'un jeu de tuiles abaisse la complexité des pavages produits. La preuve s'étendant sans difficulté à une dimension quelconque, le résultat général est le suivant : en dimension d, à partir de tout jeu de tuile, on peut toujours construire au moins un pavage dont les motifs ont une complexité en $O(n^{d-1})$, le maximum d'après la relation 1 étant $O(n^d)$.

D'autre part, les auteurs construisent un ensemble de tuiles (dimension 2) tel que tous les pavages réalisés à partir de cet ensemble atteignent quasiment la borne du résultat précédent, soit $O(n - \varepsilon(n))$, pour tout ε fonction calculable croissante et non bornée (par exemple l'inverse de la fonction d'Ackermann). Il est important que tous les pavages soient complexes et pas seulement quelques-uns car un jeu de tuiles complet (tous les types de tuiles possibles sur deux couleurs par exemple) ne laissant pas de contraintes, on peut donc obtenir tous les pavages possibles, des plus simples aux plus complexes. Le résultat devrait pouvoir s'étendre à la dimension supérieure : clairement, la structure du pavage étant basée sur le pavage de Robinson ([30]) que l'on peut définir en dimension quelconque, cette partie de la construction ne pose pas de problème. En revanche, la complexité du pavage vient de la simulation d'une machine de Turing qui vérifie que son entrée (mot de dimension 1) est complexe. La difficulté est donc de réussir à simuler proprement une machine de Turing dont le ruban est replié en un motif de dimension $d - 1$.

En essayant d'appliquer cette technique aux automates cellulaires, on peut déjà faire plusieurs observations. Si l'on considère la complexité des diagrammes espace-temps, on remarque que, comme un algorithme peut effectuer le même calcul que l'automate, toute la complexité se trouve dans la configuration initiale (proposition 11). Afin de faire une étude comparable à celle de [12], on va s'intéresser à un autre ensemble caractéristique de l'automate, l'ensemble des valeurs d'adhérence des orbites de l'automate. Cet ensemble contient les configurations que l'automate rejoint asymptotiquement. Un ensemble plus populaire serait l'ensemble limite, mais nous avons des raisons de penser que l'on ne peut prouver de résultat analogue le concernant. Ceci reste cependant un problème ouvert.

Pour $E \subset X$, l'ensemble des valeurs d'adhérences de E, noté $\mathrm{Acc}(E)$ est défini par :

$$\mathrm{Acc}(E) = \bigcap_{n \in \mathbb{N}} \overline{\{u_i,\, i > n\}},$$

où $\overline{A}$ est l'adhérence ou fermeture de A. L'ensemble $\mathrm{Acc}(E)$ est fermé puisque c'est une intersection de fermés. On peut à présent donner la définition suivante :

Définition 11 (ensemble ultime). *L'*ensemble ultime *d'un automate cellulaire* f, *noté* $\mho(f)$ *est l'ensemble :*

$$\mho(f) = \bigcup_{x \in X} \mathrm{Acc}(O_f(x)) \ .$$

L'ensemble ultime est invariant par l'application des shifts puisque pour tout vecteur v, $\sigma_v(\mathrm{Acc}(O_f(x))) = \mathrm{Acc}(O_f(\sigma_v(x)))$.

L'ensemble ultime ne peut être vide. En effet, il contient toujours au moins une configuration monochromatique. En effet, soit f un automate cellulaire d'ensemble d'états S de rayon r et de règle locale λ. Pour $a \in S$, on note $s_a = \lambda(a, \dots, a)$. Ainsi, si l'on considère la configuration monochromatique $\bar{a}$, on a que $f(\bar{a}) = \overline{s_a}$. Soit G le graphe orienté dont l'ensemble des sommets est S et l'ensemble des arrêtes est $\{(a, s_a),\ a \in S\}$. Chaque nœud a un et un seul successeur et par conséquent il contient nécessairement un cycle $a_0 \to a_1 \to \cdots \to a_k \to a_0$. Ainsi, les configurations $\overline{a_i}$ sont temporellement périodiques puisque $f^k(\overline{a_i}) = \overline{a_i}$. Par conséquent, comme $O_f(\overline{a_i}) = \{a_i,\ i \in [\![0, k]\!]\}$, on sait que les configurations $\overline{a_i}$ sont dans l'ensemble ultime.

La conséquence directe de cette remarque est que l'ensemble ultime contient toujours des configurations de très faible complexité. Par la suite, nous allons

46

montrer que l'on peut étendre le résultat de [12] aux automates cellulaires dans le sens où l'on construit un automate f dont toutes les configurations de l'ensemble ultime sont complexes à l'exception d'une configuration monochromatique.

Soit τ l'ensemble de tuiles défini dans [12] pour une fonction ε quelconque. Soit f l'automate cellulaire de rayon 1 sur l'alphabet $\tau \cup \{\#\}$ dont la règle locale λ est définie comme suit. Pour $c, n, s, e, o \in \tau \cup \{\#\}$ on note $P(c, n, s, e, o)$ le prédicat «aucun des arguments ne vaut # et les tuiles n, s, e et o peuvent être placées respectivement au dessus, au dessous, à droite et à gauche de c» :

$$\lambda \begin{pmatrix} \cdot & n & \cdot \\ o & c & e \\ \cdot & s & \cdot \end{pmatrix} = \begin{cases} c & \text{si } P(c, n, s, e, o) \\ \# & \text{sinon.} \end{cases}$$

On peut démontrer la propriété de f suivante : si une configuration c représente un pavage valide par τ (toutes les cellules sont dans un état non # et seules des tuiles juxtaposables sont adjacentes) alors $f(c) = c$ et $\text{Acc}(O_f(c)) = \{c\}$. Sinon, $\text{Acc}(O_f(c)) = \{\#\}$. En effet, si c n'est pas un pavage valide, cela signifie qu'il existe une position x telle que l'on n'a pas $P(c_x, c_{(x_0, x_1+1)}, c_{(x_0, x_1-1)}, c_{(x_0+1, x_1)}, c_{(x_0-1, x_1)})$. Par conséquent, $f(c)_x = \#$ et par récurrence, toute position p telle que $\|x - p\|_\infty \leqslant k$ est telle que $f^k(c)_p = \#$. Ainsi, pour tout $n > 0$, si $t = n + 2\|x\|_\infty$, on sait que $d_C(\#, f^t(c)) \leqslant 2^{-n}$. Ceci prouve que $\text{Acc}(O_f(c)) = \{\#\}$.

En conclusion, on sait que, à part $\overline{\#}$, $O(f)$ ne contient que des configurations qui correspondent à un pavage valide par τ et donc dont les motifs ont une complexité quasi-linéaire (à ε près) en leurs côtés.

2.3.2 Distance algorithmique

Cette section est dédiée à une nouvelle approche des systèmes dynamiques, qui reprend l'idée qui a amené à l'introduction de la distance de Besicovitch. On cherche toujours à changer le point d'observation du système en essayant non pas de modifier les définitions du chaos, mais de changer la topologie sous-jacente. La motivation est la même : on veut réduire l'importance des cellules centrales. En revanche, avec la topologie de Besicovitch, l'action de translater une configuration, même si elle est à présent équicontinue, la transforme en une configuration qui peut être à grande distance de la précédente. Par exemple, si l'on prend la configuration $\overline{01}$, on a que $d_B(\overline{01}, \sigma(\overline{01})) = 1$.

L'idée qui nous amène à introduire une nouvelle distance est le constat que la définition de la distance de Besicovitch choisit arbitrairement un algorithme de quantification de la différence entre deux mots, à savoir la distance de Hamming. Ainsi, pour introduire la *distance algorithmique*, nous n'allons pas considérer un seul mais tous les algorithmes possibles de comparaison en utilisant la complexité de Kolmogorov. Ainsi, on espère pouvoir limiter non seulement les effets du shift, mais également les effets de toute autre transformation calculable simple. Les résultats de cette section ont fait sont publiés dans [5].

Pour cette nouvelle distance entre deux configurations x et y, nous allons donc capturer la facilité de passer d'une configuration à l'autre et réciproquement par un algorithme. On obtient la définition suivante :

Définition 12 (distance algorithmique). *La* distance algorithmique *entre des configurations x et y, notée $d_A(x, y)$ est définie par :*

$$d_A(x, y) = \limsup_{n \to \infty} \frac{K(x \to n|y \to n) + K(y \to n|x \to n)}{2(2n + 1)^d} \ .$$

Contrairement au cas fini, la distance ne dépend pas de la machine universellement optimale choisie étant donné que la constante est négligeable par rapport au dénominateur. D'après la relation 1, la distance est bornée par 1.

Comme pour la distance de Besicovitch, d_A est une pseudo-distance, comme en témoigne le résultat suivant :

Proposition 13 (J. C., B. Durand et E. Formenti, [5]). *La fonction d_A est réflexive et respecte l'inégalité triangulaire.*

Preuve. Il est immédiat que, pour toute configuration x, $d_A(x, x) = 0$, puisqu'il existe une constante c telle que $K(x_{\to n}|x_{\to n}) \leqslant c$.

Le fait que la distance algorithmique vérifie l'inégalité triangulaire vient de l'inégalité triangulaire de la complexité de Kolmogorov (relation 3). □

Elle n'est pas une distance car les configurations $\bar{0}$ et $\bar{1}$ sont distinctes mais à distance nulle.

Note. Dans la définition de d_A, on ne peut, comme pour la topologie de Besicovitch utiliser une limite puisque l'on n'est pas certain de son existence. Par exemple, en dimension 1, soit a la suite définie par la proposition 9. Soit c, la configuration définie par :

$$c_n = \begin{cases} a_n & \text{s'il existe } i \text{ tel que } 100^{2i} < n \leqslant 100^{2i+1} \\ 0 & \text{sinon.} \end{cases}$$

On a, comme c vaut 0 des positions 100^{2n-1} à 100^{2n} et que $K(uv) \leqslant K(u) + K(v) + O(\log|u|)$:

$$K(c_{\to 100^{2n}} | \bar{0}_{\to 100^{2n}}) \leqslant K(c_{\to 100^{2n-1}}) + O(n) \leqslant 100^{2n-1} + O(n),$$

et donc

$$\frac{K(c_{\to 100^{2n}} | \bar{0}_{\to 100^{2n}})}{4 \cdot 100^{2n} + 2} \leqslant \frac{1}{100},$$

pour n assez grand.

De plus, comme c vaut a des positions 100^{2n} à 100^{2n+1} et que $K(uv) - K(v) + O(\log|u|) \leqslant K(u) \leqslant K(uv) + O(\log|u|)$:

$$
\begin{aligned}
K(c_{\to 100^{2n+1}}|\, \bar{0}_{\to 100^{2n}}) &\geqslant K(c_{100^{2n}+1} \ldots c_{100^{2n+1}}) + O(n) \\
&\geqslant K(a_{\to 100^{2n+1}}) - 100^{2n} + O(n) \\
&\geqslant \frac{100^{2n+1}}{4} - 100^{2n} + O(n) \;,
\end{aligned}
$$

et donc :

$$
\frac{K(c_{\to 100^{2n+1}}|\, \bar{0}_{\to 100^{2n}})}{4 \cdot 100^{2n+1} + 2} \geqslant \frac{1}{8},
$$

pour n assez grand.

Ainsi, la limite supérieure du calcul de $d_A(c, \bar{0})$ n'est pas une limite.

De même, on ne peut pas non plus choisir la limite inférieure car, dans ce cas, l'inégalité triangulaire n'est plus vérifiée. Si on note D_A la fonction qui a la même formule que d_A, mais avec une limite inférieure, on a que $D_A(c, 0) \leqslant \frac{1}{100}$ et si y est la configuration telle que $y_i = 0$ pour i négatif et $y_i = a_i$ sinon, comme c contient de grandes plages où elle est égale à y, un calcul analogue au précédent prouve que $D_A(c, y) \leqslant \frac{1}{100}$. En revanche, par définition de a, $D_A(y, \bar{0}) \geqslant \frac{1}{8}$.

La distance algorithmique n'étant qu'une pseudo-distance, il convient de quotienter l'espace par la relation d'équivalence $\cong$ qui lie deux configurations à distance algorithmique nulle. On notera $\tilde{X}$ l'espace $\frac{X}{\cong}$.

Dans un premier temps, nous étudions les propriétés de l'espace $\tilde{X}$ afin de s'assurer qu'il n'est pas impropre à l'étude de la dynamique des automates cellulaires, comme par exemple, s'il est trop simple ou s'il n'a pas de bonnes propriétés.

Ce premier résultat montre qu'il n'est pas trop simple :

Proposition 14 (J. C., B. Durand et E. Formenti, [5]). *L'espace $\tilde{X}$ n'est pas séparable. Plus précisément, pour tout ensemble dénombrable A, il existe une configuration c telle que pour tout $a \in A$, $d_A(c, a) = 1$.*

Preuve. Commençons par prouver qu'il n'est pas séparable. Pour simplifier, nous allons effectuer la preuve avec des séquences uni-infinies ($\{0, 1\}^{\mathbb{N}}$), mais utilisant la suite $(v_n)_{n \in \mathbb{N}}$ introduite précédemment et représenté figure 2.1 ; il est aisé de se ramener à ce cas. Soit $A = \{a^i,\ i \in \mathbb{N}\}$ un ensemble dénombrable d'éléments de $\{0, 1\}^{\mathbb{N}}$. Nous allons construire une configuration b qui est à une distance 1 de tous les points de A.

Pour $c \in \{0, 1\}^{\mathbb{N}}$, nous noterons $c_{i \to j}$ le mot $c_{i+1} \cdots c_j$. Soit $f(x) = 2^{2^x}$ qui a la particularité que $f(x) = o(f(x+1))$. Soit $(p_i)_{i \in \mathbb{N}}$ une suite d'entiers qui prend une infinité de fois chaque entier pour valeur, c'est-à-dire telle que pour tout $n \in \mathbb{N}$, $|\{i,\ p_i = n\}| = \infty$. Soit b une configuration telle que pour tout i, $b_{f(i) \to f(i+1)}$ est 0-indépendant de $a^{p_i}_{f(i) \to f(i+1)}$.

49

Montrons que pour tout n, $d_A(a^n, b) = 1$. Soit $I = \{i, p_i = n\}$. On sait que pour tout $i \in I$:

$$
\begin{aligned}
K(b_{\to f(i+1)}|a^n_{\to f(i+1)}) &\geqslant K(b_{f(i) \to f(i+1)}|a^{p_i}_{f(i) \to f(i+1)}) - f(i) + O(i) \\
&\geqslant f(i+1) + o(f(i+1)),
\end{aligned}
$$

et donc que $d_A(b, a^n) \geqslant 1$ puisque la limite supérieure est supérieure à la limite supérieure le long d'une suite extraite. Comme le maximum pour d_A est 1, on en déduit que $d_A(b, a^n) = 1$. $\qquad\square$

On peut en déduire les corollaires suivants :

Corollaire 2. *Il existe un ensemble infini A tel que pour tous $x, y \in A$, $d_A(x, y) = 1$; $\tilde{X}$ n'est pas compact.*

Preuve. Construire l'ensemble A est assez simple. On commence par $A_0 = \{0\}$ puis on pose $A_i = A_{i-1} \cup c_{i-1}$ avec c_i tel que pour tout $a \in A_i$, $d_A(a, c_i) = 1$. L'ensemble $A = \bigcup A_i$ convient. $\qquad\square$

Corollaire 3. *L'espace $\tilde{X}$ a un cardinal au moins continu.*

Preuve. Si $\tilde{X}$ avait le cardinal de $\mathbb{N}$, alors l'ensemble des boules ouvertes de tout centre et de rayon rationnel serait une base d'ouverts dénombrable. $\qquad\square$

Ensuite, on montre que $\tilde{X}$ possède de bonnes propriétés topologiques bien qu'il ne soit pas compact :

Proposition 15 (J. C., B. Durand et E. Formenti, [5]). *L'espace $\tilde{X}$ est connexe par arcs et donc sans point isolé.*

Preuve. Comme pour la preuve précédente, nous raisonnons dans $\{0, 1\}^{\mathbb{N}}$. Soient u et v deux configurations de $\{0, 1\}^{\mathbb{N}}$. Soit $f(i) = 2^{2^i}$ et donc telle que $f(i) = o(f(i+1))$. Pour tout réel $\alpha \in [0, 1]$, soit $g_\alpha(i) = f(i) + \lfloor \alpha^2(f(i+1) - f(i)) \rfloor$. On définit la fonction $h : [0, 1] \to \tilde{X}$ par :

$$
\begin{aligned}
h(\alpha)_{f(i) \to g_\alpha(i)} &= u_{f(i) \to g_\alpha(i)} \\
h(\alpha)_{g_\alpha(i) \to f(i+1)} &= v_{g_\alpha(i) \to f(i+1)} .
\end{aligned}
$$

Par définition, $h(0) = v$ et $h(1) = u$. Montrons que h est continue. Soient α et β deux réels de $[0, 1]$ tels que $\alpha < \beta$. Les configurations $h(\alpha)$ et $h(\beta)$ sont égales sauf pour les intervalles d'indice $[\![g_\alpha(i) + 1, g_\beta(i)]\!]$. Ainsi, pour tout $i \in \mathbb{N}$:

- pour tout n de $[\![g_\alpha(i) + 1, g_\beta(i)]\!]$, pour calculer $u_{\to n}$ à partir de $v_{\to n}$, il suffit de connaître $u_{g_\alpha(i)\to n}$, $u_{g_\alpha(i-1)\to g_\beta(i-1)}$, $u_{\to f(i-1)}$ et les bornes n, $g_\alpha(i)$, $g_\alpha(i-1)$ et $g_\beta(i-1)$; pour calculer $v_{\to n}$ à partir de $u_{\to n}$, il suffit de connaître les portions correspondantes de u et les mêmes bornes. Ainsi :

$$\begin{aligned}
K(u_{\to n}|v_{\to n}) + K(v_{\to n}|u_{\to n}) &\leqslant 2(n - g_\alpha(i) + g_\beta(i-1) - g_\alpha(i-1) \\
&\quad + f(i-1)) + O(i) \\
&\leqslant 2(n - g_\alpha(i) + (\beta^2 - \alpha^2)f(i)) + o(f(i)),
\end{aligned}$$

et donc, comme pour $0 \leqslant x < y$ et $c > 0$, $\frac{x+c}{y+c} \geqslant \frac{x}{y}$,

$$\begin{aligned}
\frac{K(u_{\to n}|v_{\to n}) + K(v_{\to n}|u_{\to n})}{2n + 2} &\leqslant \frac{n - g_\alpha(i) + (\beta^2 - \alpha^2)f(i)}{n + 1} + o(1) \\
&\leqslant \frac{g_\beta(i) - g_\alpha(i) + (\beta^2 - \alpha^2)f(i)}{g_\beta(i)} + o(1) \\
&\leqslant \frac{(\beta^2 - \alpha^2)f(i + 1)}{\beta f(i + 1)} + o(1) \\
&\leqslant \frac{\beta^2 - \alpha^2}{\beta} + o(1);
\end{aligned}$$

- pour tout n de $[\![g_\beta(i - 1), g_\alpha(i)]\!]$, pour calculer $u_{\to n}$ à partir de $v_{\to n}$, il suffit juste de connaître $u_{g_\alpha(i-1)\to g_\beta(i-1)}$, $u_{\to f(i-1)}$ et les bornes n, $g_\alpha(i - 1)$ et $g_\beta(i - 1)$; pour calculer $v_{\to n}$ à partir de $u_{\to n}$, il suffit de connaître les portions correspondantes de u et les mêmes bornes. Ainsi :

$$\begin{aligned}
K(u_{\to n}|v_{\to n}) + K(v_{\to n}|u_{\to n}) &\leqslant 2(g_\beta(i-1) - g_\alpha(i-1) + f(i-1)) + O(i) \\
&\leqslant 2(\beta^2 - \alpha^2)f(i) + o(f(i))n
\end{aligned}$$

et donc,

$$\begin{aligned}
\frac{K(u_{\to n}|v_{\to n}) + K(v_{\to n}|u_{\to n})}{2n + 2} &\leqslant \frac{(\beta^2 - \alpha^2)f(i)}{n + 1} + o(1) \\
&\leqslant \frac{(\beta^2 - \alpha^2)f(i)}{g_\beta(i - 1)} + o(1) \\
&\leqslant \frac{(\beta^2 - \alpha^2)f(i)}{\beta f(i)} + o(1) \leqslant \frac{\beta^2 - \alpha^2}{\beta} + o(1) \ .
\end{aligned}$$

On en déduit que $d_A(h(\alpha), h(\beta)) \leqslant \frac{\beta^2 - \alpha^2}{\beta}$. Pour β fixé non nul et pour α fixé différent de 1. La fonction $(\alpha, \beta) \mapsto \frac{\beta^2 - \alpha^2}{\beta}$ tend vers 0 quand α tend vers β ou quand β tend vers α et donc, on en déduit que la fonction h est continue. L'espace $\tilde{X}$ est donc connexe par arcs.

En particulier, il est sans point isolé puisque par continuité de h, $h(\alpha)$ tend vers u quand α tend vers 0. □

Ainsi, nous avons prouvé que $\tilde{X}$ a de bonnes propriétés en tant qu'espace des phases d'un système dynamique. Nous allons à présent étudier le comportement des automates cellulaires dans cet espace.

Nous allons tout d'abord nous concentrer sur les automates cellulaires surjectifs. En effet, selon les critères classiques, un automate cellulaire chaotique doit être surjectif (expansifs, fortement transitifs, *etc.*).

En revanche, dans $\tilde{X}$, c'est complètement l'inverse puisque l'on montre que tous les automates cellulaires surjectifs sont l'identité sur $\tilde{X}$. Ce résultat vient du fait que les automates cellulaires surjectifs sont très réguliers et qu'il est donc facile pour un algorithme de calculer l'image et l'antécédent d'une configuration :

Proposition 16 (J. C., B. Durand et E. Formenti, [5]). *Si f est un automate cellulaire surjectif, alors $d_A(x, f(x)) = 0$, ou encore, f est l'application identité de* $\tilde{X}$.

Preuve. D'après la proposition 11, on sait que :

$$K(f(x)_{\to n}|x_{\to n}) \leqslant 2dr(2n + 2r + 1)^{d-1}\log_2 |S| + K(f) + 2\log_2 K(f) + c \ .$$

Selon la proposition 12, on a du plus que :

$$K(x_{\to n}|f(x)_{\to n}) \leqslant 2dr(2n + 1)^{d-1}\log_2 |S| + K(f) + 2\log_2 K(f) + c \ .$$

En divisant par $2(2n + 1)^d$ et en passant à la limite supérieure, on déduit que $d_A(x, f(x)) = 0$. □

Ce résultat prouve que les automates cellulaires surjectifs ne font que modifier la quantité d'information d'une configuration, mais n'en créent ni ne la détruisent. Cela traduit un caractère de stabilité.

À présent, on peut se demander quel est le comportement d'un automate cellulaire quelconque vis-à-vis de la topologie algorithmique. Le résultat est aussi violent que celui sur les surjectifs. En effet, un automate cellulaire non surjectif peut avoir deux comportements différents vis-à-vis de la topologie algorithmique. Ou bien il est constant, ou bien il n'est pas compatible avec la relation $\cong$:

Proposition 17 (J. C., B. Durand et E. Formenti, [5]). *Soit f un automate cellulaire non surjectif et non constant. Alors il existe deux configurations x et y telles que $d_A(x, y) = 0$ mais $d_A(f(x), f(y)) \neq 0$.*

Preuve. Pour ϱ un pavé et s un état, on notera $(\varrho)^s$ la configuration dont le centre vaut ϱ et les autres cellules valent s. Soient r le rayon de f, s un état quelconque et s' tel que $f(\bar{s}) = \bar{s}'$. D'après le théorème de Moore-Myhill (théorème 2), il existe des pavés ϱ^0, ϱ^2 et χ^0 tels que $(\varrho^0)^s \neq (\varrho^2)^s$ et $f((\varrho^0)^s) = f((\varrho^2)^s) = (\chi^0)^{s'}$. De plus, comme l'automate cellulaire n'est pas constant, il existe un pavé ϱ^1 et un pavé χ^1 tels que $(\chi^0)^{s'} \neq (\chi^1)^{s'}$ et $f((\varrho^1)^s) = (\chi^1)^{s'}$. Sans perte de généralité, on suppose que tous ces pavés ont le même rayon t.

Si a est la suite aléatoire de la proposition 9 et v l'ordre défini après la proposition, on note $b_i = a_{v_i}$. Soient x et y les deux configurations valant partout s sauf pour :

$$\forall p \in \mathbb{Z}^d, \; \forall i \in [\![-t, t]\!]^d, \, x_{(2r+2t)p+i} = \varrho_i^{b_p} \text{ et } y_{(2r+2t)p+i} = \varrho_i^{2b_p},$$

dont une illustration en dimension 2 est donnée figure 2.3. Alors, $f(x)$ et $f(y)$ valent partout s' sauf pour les valeurs données par les expressions :

$$\forall p \in \mathbb{Z}^d, \; \forall i \in [\![-t, t]\!]^d, \, f(x)_{(2r+2t)p+i} = \chi_i^{b_p} \text{ et } f(y)_{(2r+2t)p+i} = \chi_i^0 \; .$$

Comme on peut le constater, un algorithme peut calculer x à partir de y et réciproquement en intervertissant les pavés ϱ^1 et ϱ^2. On en déduit que $d_A(x, y) = 0$. En revanche, d'après l'expression concernant $f(x)$ précédente, on peut calculer les $(2n + 1)^d$ premiers termes de a à partir du pavé central de $f(x)$ de rayon $(r + t)n$ et donc $K(f(x)_{\to(r+t)n}) \geqslant \frac{(2n+1)^d}{4} + c_1$. La configuration $f(y)$ est une configuration périodique par conséquent de complexité très faible. On en déduit que $d_A(f(x), f(y)) \neq 0$. $\square$

La conclusion de cette étude est la suivante. Vis-à-vis de la quantité d'information, les automates cellulaires ont deux comportements. Soit ils sont surjectifs et transforment les configurations mais en conservant le même contenu informatif puisque toutes les configurations sont déductibles les unes des autres, ce qui signifie que, du point de vue de la complexité algorithmique, ils ne sont pas chaotiques.

Dans le cas des non surjectifs, ils peuvent supprimer de l'information dans les configurations, mais de manière totalement non continue : d'une part on peut passer d'une configuration dont le contenu informationnel est fort à une configuration sans complexité (périodique) et d'autre part, deux configurations proches du point de vue de la distance algorithmique peuvent être l'une détruite et l'autre conservée. En ce qui concerne l'étude du comportement chaotique, le fait que les automates cellulaires ne sont pas compatibles n'empêche pas d'appliquer la définition des classes de Kůrka avec la distance algorithmique. Cependant, on peut montrer que toute configuration monochromatique est un point d'équicontinuité puisque pour tout x, $d_A(f(x), f(\bar{s})) \leqslant d(x, \bar{s})$, ce qui entraîne qu'il n'y a pas d'automate cellulaire sensible aux conditions initiales. On peut cependant se demander

ρ^1	ρ^0	ρ^1	ρ^1	ρ^0	ρ^2	ρ^0	ρ^2	ρ^2	ρ^0
ρ^1	ρ^0	ρ^0	ρ^0	ρ^0	ρ^2	ρ^0	ρ^0	ρ^0	ρ^0
ρ^0	ρ^1	ρ^1	ρ^0	ρ^1	ρ^0	ρ^2	ρ^2	ρ^0	ρ^2
ρ^0	ρ^1	ρ^1	ρ^0	ρ^0	ρ^0	ρ^2	ρ^2	ρ^0	ρ^0
ρ^1	ρ^1	ρ^1	ρ^1	ρ^0	ρ^2	ρ^2	ρ^2	ρ^2	ρ^0
		x					y		

FIG. 2.3 – Les configurations x et y en dimension 2.

s'il existe des automates cellulaires dont les seuls points d'équicontinuité sont les configurations monochromatiques.

2.4 Perspectives

L'utilisation de la complexité de Kolmogorov dans le domaine de la dynamique symbolique reste encore très marginale. On pourrait souhaiter qu'elle soit un peu plus connue et maîtrisée par les chercheurs. Pour cela, on peut considérer deux axes de progressions. D'une part, il faut continuer à trouver des exemples de preuves qui se simplifient fortement en utilisant la complexité de Kolmorogov et à démontrer de nouveaux résultats grâce à elle. D'autre part, il convient de continuer le travail de traduction des propriétés de la complexité de Kolmogorov en résultats de dynamique symbolique. Par exemple, la complexité de Kolmogorov préfixe qui se limite à des programmes qui ne sont jamais préfixes l'un de l'autre permet de simplifier l'écriture de certaines propriétés en supprimant les termes supplémentaires en $\log_2(n)$. Cependant, elle possède le défaut d'être plus difficile à définir que la complexité simple : par exemple, il faut prouver l'existence d'une machine de Turing universelle sur les programmes sans préfixes. Ainsi, elle est encore moins répendue que la complexité de Kolmogorov classique.

En ce qui concerne l'application de la complexité de Kolmogorov à l'étude du degré chaotique des systèmes dynamiques, plusieurs perspectives sont à prévoir. De la définition de la distance algorithmique, on peut conclure sur deux points particuliers. D'une part, l'un de ses défaut est de ne pas être compatible avec les automates cellulaires. Même si ce résultat est en lui-même intéressant, pour faire une étude topologique propre, il conviendrait de trouver une distance qui soit compatible. La difficulté principale vient de donner une définition qui n'induise pas trop de biais en considérant une manière particulière de comparer des configurations. Par exemple, en choisissant que la distance entre x et y et la limite supérieure de la complexité des préfixes de $x \Delta y$, ou exclusif bit à bit de x et y, on fixe la manière de comparer x et y avec on retrouve le biais d'avoir une forte distance entre x et $\sigma(x)$. D'autre part, on remarque, grâce à la propriété 2 que pour le calcul de $d_A(x, f(x))$, seul f^{-1} apporte une contribution non nulle. On pourrait donc essayer de déterminer la complexité d'un automate cellulaire en regardant le comportement de son inverse au regard de la complexité de Kolmogorov. Cette approche a déjà fait l'objet d'études combinatoires dont un exemple pour les automates cellulaires surjectifs est le théorème 8 qui montre que le nombre d'antécédents finis d'une configuration finie est constant. En revanche, quand l'automate n'est pas surjectif, on peut trouver des exemples aux comportements très variés. On peut donc espérer qu'à l'aide la complexité de Kolmogorov on puisse quantifier rigoureusement la complexité de ces ensembles d'antécédents afin de produire une notion intuitive d'automate cellulaire chaotique.

Chapitre 3

Étude dynamique du chaos

L'approche dynamique des automates cellulaires, objet de recherches depuis maintenant plusieurs décennies, s'est révélée fructueuse. Par exemple, on a obtenu des résultats intéressants concernant l'évolution du trafic routier dont la modélisation par automate cellulaire est très proche de la réalité et très intuitive puisque le fait d'avoir des contraintes purement locales est avéré. De même, la réalisation du *firing squad* a permi de prouver qu'un grand groupe de cellules reliées seulement localement entre elles peut tout de même se synchroniser et se modifier simultanément.

Ainsi, nous voulons appliquer cette démarche à deux autres modélisations. La première concerne les tas de sable dont la dynamique continue d'intéresser les physiciens par sa richesse en complexité. Afin de reproduire le mécanisme qui a poussé à simuler des interactions locales entre cellules d'état fini, nous avons introduit un nouveau modèle de calcul qui simule un tas de sable par une juxtaposition de piles de grains de sable qui peuvent bouger d'une pile à l'autre en suivant une règle locale. L'originalité de notre approche a été de non pas chercher en premier lieu un modèle de calcul, les automates cellulaires en dimensions 2 et supérieures étant suffisant pour une simple simulation, mais une métrique qui décrirait la proximité de configurations qui a priori présentent physiquement des évolutions similaires. Ensuite, on cherche un modèle qui, à l'instar des automates cellulaires, correspond aux phénomènes continus pour cette nouvelle topologie et indépendant de la localisation dans l'espace et dans le temps.

La seconde consiste à inverser la démarche dynamique. Classiquement, on choisit de partir d'un automate cellulaire et d'observer son comportement, aussi bien expérimentalement que théoriquement. En revanche, en science expérimentale, la démarche est inverse. C'est de l'observation d'un phénomène naturel que l'on déduit quels sont les mécanismes qui le régissent. On cherche donc à appliquer ce constat à l'étude des automates cellulaires : on va chercher à retrouver la règle locale de l'automate cellulaire à partir de son comportement, c'est-à-dire à l'observation de ses orbites effectuée par un instrument de mesure.

3.1 Automates de sable

La physique des tas de sable reste un domaine encore largement étudié par la communauté scientifique. En ce qui concerne la modélisation par des automates théoriques, les premiers travaux consistent en l'étude complète de l'évolution d'une configuration selon une règle donnée ([29, 13, 15, 16, 17]). Dans cette partie, nous allons nous intéresser à une étude de la dynamique d'un système composé d'une juxtaposition de piles de sable régies par des contraintes locales. Ces résultats ont été publiés dans [6, 8, 9].

3.1.1 Cadre topologique

Afin de décrire proprement le comportement de ces modèles, il convient tout d'abord de se donner un cadre formel. Après le succès de l'application du paradigme des systèmes dynamiques discrets aux automates cellulaires, nous allons donc chercher à décrire un espace des phases propice à cette étude.

Pour cela, nous allons définir mathématiquement la manière dont un géomètre rapporterait un paysage de sable dans lequel il se trouverait. Il commencerait par donner son altitude, puis les relevés des hauteurs des zones voisines par rapport à sa propre position, avec plus ou moins de précision en fonction de la finesse de ses mesures.

Notons $\Omega = \{-\infty, \infty\}$ et pour tout ensemble E, notons $E_\Omega = E \cup \Omega$. Formellement, un paysage de sable de dimension d sera une configuration de $Y = \mathbb{Z}_\Omega^{\mathbb{Z}^d}$, où chaque position de $\mathbb{Z}^d$ contient le nombre de grains de sable présents dans la pile située à cette position. On y ajoute les valeurs plus et moins l'infini pour indiquer respectivement une *source de sable* ou un *puits*.

La mesure effectuée avec un appareil de mesure β_p, de précision p sur une configuration $c \in Y$ sera la suivante. On définit d'abord M_p comme fonction de comparaison entre éléments de $\mathbb{Z}_\Omega$ par :

$$
\begin{aligned}
\forall m \in \mathbb{Z},\ \forall n \in \mathbb{Z} \quad M_p(m, n) &= \begin{cases} m - n & \text{si } |m - n| \leqslant p \\ \infty & \text{si } m > n + p \\ -\infty & \text{si } m < n - p \end{cases} \\
\forall i \in \Omega,\ \forall n \in \mathbb{Z} \quad M_p(i, n) &= i \\
\forall a \in \mathbb{Z}_\omega,\ \forall i \in \Omega \quad M_p(a, i) &= M_p(a, 0)\ .
\end{aligned}
$$

Cette fonction mesure la hauteur du premier argument en prenant le second pour référence : elle renvoie la différence entre les deux si elle est inférieure à p en valeur absolue ; dans le cas contraire, elle déclare la mesure infinie, du signe de la différence. Le comportement de M_p quand le second argument est infini est de considérer la référence comme nulle. Cette convention qui peut sembler illogique est en fait utilisée pour des raisons techniques mais n'intervient pas dans l'étude de la dynamique qui suit. Ainsi, si l'on note :

$$\delta_p(c, 0) = c_0 \text{ et } \forall k \in \mathbb{Z}^d \setminus \{0\}, \ \delta_p(c, k) = M_p(c_k, c_0),$$

on définit $\beta_p(c) = (\delta_p(c, k))_{k \in [\![-p,p]\!]^d}$, la matrice de dimension d et de taille $2p + 1$ d'éléments de $[\![-p, p]\!]_\Omega$, sauf en son centre où on a un élément de $\mathbb{Z}_\Omega$. Un exemple en dimension 1 est donné figure 3.1. Cette matrice contient en son centre la hauteur de la colonne centrale de la configuration et autour, les différentes mesures effectuées par M_p. On notera $\mathcal{R}_p$ l'ensemble des matrices possibles que l'on appellera *relevés* de précision p. De plus, on notera $\mathcal{R}_p^k$ l'ensemble des relevés dont la case centrale est égale à k.

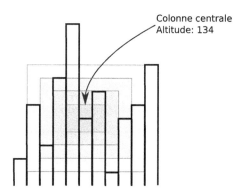

FIG. 3.1 – $\beta_0 = (134)$, $\beta_1 = (+\infty, 134, +\infty)$, $\beta_2 = (+\infty, +\infty, 134, 2, -\infty)$, $\beta_3 = (-2, 3, +\infty, 134, 2, -\infty, 0)$ et $\beta_4 = (1, -2, 3, +\infty, 134, 2, -4, 0, 1)$.

On peut à présent définir la distance entre deux configurations. L'idée est simple et reprend celle qui permet de définir la distance de Cantor. On place un observateur au sommet de chaque configuration et chacun fait le relevé des mesures en augmentant la précision régulièrement. Les observateurs s'arrêtent quand leurs relevés diffèrent. Si p est la précision qui a permis de distinguer les deux configurations, leur distance est fixée à 2^{-p}. Formellement, on obtient :

$$d_S(x, y) = 2^{-\alpha} \text{ où } \alpha = \min\{p, \ \beta_p(x) \neq \beta_p(y)\} \ .$$

Le fait que d_S est bien une distance est, comme pour la distance de Cantor, assez simple à prouver. La réflexivité est évidente. L'antisymétrie vient du fait que si, quelle que soit la précision, les configurations ont l'air identique alors elles sont égales. En effet, si x et y diffèrent à la position i, alors la précision $p = \max\{\|i\|_\infty, |x_i|, |y_i|\}$ suffit à distinguer x et y. Enfin, la distance est ultramétrique : si x, y et z sont trois configurations, alors si $d_S(x, y) = 2^{-a}$ et $d_S(y, z) = 2^{-b}$, pour tout $p < \min\{a, b\}$, $\beta_p(x) = \beta_z(y) = \beta_p(z)$. On en déduit que $d_S(x, z) \leqslant \max\{d_S(x, y), d_S(y, z)\}$.

La distance étant ultramétrique et à valeurs discrètes et ordonnées, les boules ouvertes sont aussi des boules fermées et n'importe quel point d'une boule en est le centre. Pour la distance de Cantor, une boule ouverte de rayon 2^{-p} était caractérisée par le pavé central de rayon p. Pour la distance d_S, il en est de même, mais l'objet mathématique qui joue le rôle du pavé est le relevé de précision p sur n'importe quel configuration de la boule. Si ϱ est un relevé, on notera $\langle\!\langle \varrho \rangle\!\rangle$ ou $\langle\!\langle \varrho \rangle\!\rangle_r$ la boule ouverte $\{x \in Y, \beta_r(x) = \varrho\}$. Si x est une configuration, on notera $\langle x \rangle_r$ la boule ouverte de centre x et de rayon r que l'on appellera *cylindre* de précision p.

Comme pour la distance algorithmique, nous commençons par donner des propriétés qui prouvent que Y est un espace acceptable pour l'étude de dynamiques :

Proposition 18 (J. C. et E. Formenti, [6]). *L'espace métrique Y est sans point isolé, totalement déconnecté (les boules ouvertes sont fermées) et pour tout $k \in \mathbb{Z}_\Omega$, l'ensemble $E_k = \{c \in Y, c_0 = k\}$ est compact.*

Preuve. Le fait que Y est sans point isolé vient du fait que toute boule ouverte contient une infinité (non dénombrable) de points : un cylindre de centre x et de précision p contient au moins toutes les configurations y telles que $x_i = y_i$ pour $\|i\|_\infty \leqslant r$. Il est totalement déconnecté car la distance prend pour valeurs l'ensemble $\{2^{-n}, n \in \mathbb{N}\}$ et donc un cylindre de précision p est une boule ouverte de rayon α pour $2^{-r} \geqslant \alpha > 2^{-r-1}$ et une boule fermée de rayon β pour $2^{-r} > \beta \geqslant 2^{-r-1}$.

Pour $k \in \mathbb{Z}_\Omega$, montrons que E_k est compact. Soit $(u_n)_{n \in \mathbb{N}}$ une suite de configurations de E_k. Considérons $\mathcal{R}_p^k$ l'ensemble des relevés de précision p dont la case centrale est égale à k. En particulier, $\mathcal{R}_p^k = \{\beta_p(x), x \in E_k\}$. Les ensembles $\mathcal{R}_p^k$ sont finis (plus précisément de cardinal $(2p+3)^{(2p+1)^d - 1}$). On peut donc effectuer une extraction diagonale pour obtenir une sous-suite convergente de u : on construit une suite décroissante d'ensembles infinis d'indices $I_p \subset \mathbb{N}$ de la manière suivante :

– on initialise $I_0 = \mathbb{N}$;

– si I_p est construit et infini, comme l'ensemble $\mathcal{R}_{p+1}^k$ est fini, il existe un relevé ϱ_{i+1} de précision $p+1$ tel que l'ensemble $I_{p+1} = \{i \in I_p, \beta_{p+1}(u_i) = \varrho_{i+1}\}$ est infini.

Remarquons que $\langle\langle \varrho_{p+1} \rangle\rangle \subset \langle\langle \varrho_p \rangle\rangle$. Soit ℓ, la configuration définie ainsi : pour toute position i, pour $p > \|i\|_\infty$, considérons la suite $e_p = (\varrho_p)_i$. Cinq cas sont possibles :
- la suite est constante et égale à $+\infty$ et on pose $\ell_i = +\infty$;
- la suite est constante et égale à $-\infty$ et on pose $\ell_i = -\infty$;
- la suite est constante et égale à 0 et on pose $\ell_i = 0$;
- la suite vaut $\infty, \infty, \ldots, \infty, a, a, a, \ldots$, où $a > 0$ apparaît pour $p = a$ et on pose $\ell_i = a$;
- la suite vaut $-\infty, -\infty, \ldots, -\infty, b, b, b, \ldots$, où $b < 0$ apparaît pour $p = -b$ et on pose $\ell_i = b$.

Par construction, pour tout entier p, $\ell \in \langle\langle \varrho_p \rangle\rangle$. Donc, pour tout entier p, si l'on choisit $n \in I_p$ on a $d_S(u_n, \ell) \leq 2^{-p}$. Ainsi, ℓ est une valeur d'adhérence de la suite u. Ceci termine de prouver que E_k est compact. □

Si tous les E_k sont compacts, Y, lui ne l'est pas puisque l'ensemble des configurations monochromatiques $\bar{z}$ pour $z \in \mathbb{Z}_\Omega$ définies par $\forall i \in \mathbb{Z}^d$, $\bar{z}_i = z$ contient une infinité de membres à distance 1 l'un de l'autre.

3.1.2 Modélisation

Nous allons à présent chercher à définir un modèle de calcul évoluant dans Y qui soit cohérent avec l'intuition concernant les simulations de phénomènes réels. Ainsi, comme pour la démarche effectuée avec les automates cellulaires, nous allons imposer au système dynamique de respecter plusieurs règles :
- les puits ne peuvent se combler et les sources ne peuvent se tarir ;
- le phénomène observé ne dépend pas de la position origine : si l'on translate l'expérience, on effectue les mêmes observations mais translatées ;
- le phénomène est une transformation continue : changer la condition initiale aux alentours d'une position ne change le comportement observé qu'autour de cette position.

La règle formelle qui empêche les puits et les sources de disparaître est la suivante :

Définition 13 (cohérence). *Une fonction* $f : Y \to Y$ *est* cohérente *si pour tout* $x \in Y$:

$$\forall i \in \mathbb{Z}^d, \ x_i = \infty \Leftrightarrow f(x)_i = \infty \ et \ x_i = -\infty \Leftrightarrow f(x)_i = -\infty \ .$$

Pour définir le fait de ne pas dépendre de la position de l'origine, on définit deux types d'applications spéciales de Y dans Y : les *shift* et les *élévations*. Pour $v \in \mathbb{Z}^d$, on définit σ_i le shift de vecteur v par :

$$\sigma_v(x)_i = x_{i-v} \ .$$

61

Pour $k \in \mathbb{Z}$, on définit ζ_k, l'élévation de valeur k par :

$$\zeta_k(x)_i = \begin{cases} x_i & \text{si } x_i \in \Omega \\ x_i + k & \text{sinon.} \end{cases}$$

Définition 14 (invariance par translation). *Une application $f : Y \to Y$ est invariante par translation si :*

$$\forall i \in \mathbb{Z}^d, f \circ \sigma_i = \sigma_i \circ f \text{ et } \forall k \in \mathbb{Z}, f \circ \zeta_k = \zeta_k \circ f \ .$$

Notons que pour être invariant par translation, il suffit de commuter avec ζ_1 et les shifts dont les valeurs sont une base de $\mathbb{Z}^d$. Ainsi, nous noterons $\zeta = \zeta_{-1}$ et en dimension 1, $\sigma = \sigma_{-1}$.

Nous cherchons donc à définir un modèle de calcul qui capture les fonctions continues, cohérentes et invariantes par translation. Comme pour les automates cellulaires, la définition sera basée sur une *règle locale* pour assurer la continuité. Une règle locale de précision p est une fonction de $\mathcal{R}_p^0$ dans $[\![-p, p]\!]$. La donnée d'une règle locale permet de définir le comportement global de l'automate de sable sur Y :

Définition 15 (automate de sable). *Une fonction $f : Y \to Y$ est un automate de sable de précision p s'il existe une règle locale λ de précision p telle que :*

$$f(x)_i = \begin{cases} x_i & \text{si } x_i \in \Omega \\ x_i + \lambda(R_p(x, i, x_i)) & \text{sinon,} \end{cases}$$

où $R_p(x, i, x_i)$ est le relevé ϱ tel que :

$$\forall j \in [\![-p, p]\!]^d \setminus \{0\} \quad \begin{aligned} \varrho_0 &= 0 \\ \varrho_i &= M_p(x_{i+j}, x_i) \ . \end{aligned}$$

On peut également voir ϱ comme le relevé de précision p de la configuration $\sigma_{-i}(\zeta_{-x_i}(x))$.

Le fonctionnement de l'automate de sable est le suivant : chaque pile de sable de la configuration évolue en fonction du relevé effectué par un observateur située au sommet de la pile. L'évolution de toutes les piles s'effectue de manière synchrone et en parallèle. Un exemple simple d'automate de sable est celui qui simule le fonctionnement en parallèle de la règle SPM introduite dans [14]. C'est une règle définie en dimension 1 et de précision 1 dont la règle locale est :

$$\lambda(l, 0, r) = \begin{cases} 1 & \text{si } l > 1 \text{ et } r \geqslant -1 \\ -1 & \text{si } l \leqslant 1 \text{ et } r < -1 \\ 0 & \text{sinon .} \end{cases}$$

Dans cette règle, le grains ne peuvent tomber que vers la droite. Elle stipule qu'un grain est ajouté à une colonne s'il y en a un qui arrive de la colonne de gauche et aucune ne tombe sur la colonne de droite, qu'un grain est retiré si aucun n'arrive de gauche et qu'un grain tombe à droite. Dans les autres cas, c'est-à-dire soit qu'un grain arrive de gauche en même temps qu'un autre grain tombe à droite ou qu'aucun grain ne bouge, la quantité de sable ne change pas. Une simulation d'une étape de cette règle est donnée figure 3.2.

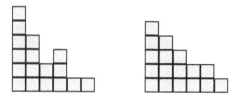

FIG. 3.2 – Exemple d'évolution de la règle SPM.

Notons que la fonction ζ est un automate de sable contrairement aux shifts qui ne sont pas cohérents.

Le théorème suivant prouve que les automates de sable permettent de remplir les critères nécessaires introduits dans la section précédente.

Théorème 11 (J. C. et E. Formenti, [6]). *Une fonction $f : Y \to Y$ est un automate de sable si et seulement si elle est continue, cohérente et invariante par translation.*

Preuve. Le fait qu'un automate de sable soit cohérent et invariant par translation est immédiat d'après la définition. Ils sont continus car comme une colonne varie au plus de p grains, pour tout relevé ϱ de précision r et toute configuration x telle que $f(x) \in \langle\!\langle \varrho \rangle\!\rangle$, si on note $\chi = \beta_{2r+p}(x)$, alors pour tout $y \in \langle\!\langle \chi \rangle\!\rangle$, $f(y) \in \langle\!\langle \varrho \rangle\!\rangle$ car pour tout i tel que $\|i\|_\infty \leqslant p$, $R_r(x, i, x_i) = R_r(y, i, y_i)$ (les détails techniques se trouvent dans [9]).

La réciproque est plus compliquée. En effet, Y n'est pas compact et on ne peut pas écrire directement la même preuve que pour le théorème 1. Cependant, comme les E_k sont compacts, on commence par prouver que $f^{-1}(E_0)$ est une union finie de E_k et est donc compact : soit $U = f^{-1}(E_0)$ et $U_i = U \cap E_i$. Soit $I = \{i, U_i \neq \emptyset\}$. On cherche à prouver que I est fini. Par l'absurde, soit x_i un membre de U_i pour $i \in I$ et $y_i = \zeta_{-i}(x_i)$. On sait que $y_i \in E_0$ et que E_0 est compact. Par conséquent, on peut extraire de l'ensemble des y_i une sous-suite $(z_n)_{n \in \mathbb{N}}$ convergente vers ℓ. Comme f est continue, $f(z_n)$ converge vers $f(\ell)$. En particulier, si on pose $v = f(\ell)_0$, à partir d'un certain rang N, $f(z_n)$ est dans E_v, boule ouverte de centre $f(\ell)$ et de rayon 1. Soient i et j, $i \neq j$ tels que $y_i = z_N$ et $y_j = z_{N+1}$. On sait que :

- $f(x_i) \in E_0$;
- $f(x_j) \in E_0$;
- comme $f(y_i) \in E_v$, $f(x_i) = f(\zeta_i(y_i)) = \zeta_i(f(y_i)) \in E_{v+i}$;
- comme $f(y_j) \in E_v$, $f(x_j) = f(\zeta_j(y_j)) = \zeta_j(f(y_j)) \in E_{v+j}$.

Ainsi, $f(x_i) \in E_{v+i} \cap E_0$ donc $v = -i$; et de même $v = -j = -i$, ce qui est absurde puisque $i \neq j$.

L'ensemble U est fermé puisque f est continue et E_0 fermé. Les U_i sont donc compacts. Comme U en est une union finie, U est lui-même compact. On peut donc appliquer la même technique que pour le théorème 1. En effet, on sait qu'il existe un nombre fini de relevés $\varrho_0, \ldots, \varrho_m$ tels que $U = \bigcup \langle\!\langle \varrho_i \rangle\!\rangle$. Comme un relevé de précision p est une union finie de relevés de précision $p + 1$, sans perte de généralité, on peut supposer que les ϱ_i ont tous la même précision p.

Soit χ_i le relevé identique à ϱ_i sauf pour la case centrale qui vaut 0 et v_i la valeur de la case centrale de ϱ_i. On sait que $\bigcup \{\chi_i\} = R_p^0$: en effet, soit $\psi \in R_p^0$, $x \in \langle\!\langle \psi \rangle\!\rangle$ et w tel que $f(x) \in E_w$ (w est fini car f est cohérente). On sait que $f(\zeta_w(x)) \in E_0$ et donc il existe i tel que $\beta_p(\zeta_w(x)) = \varrho_i$. Par conséquent, $\psi = \chi_i$.

On peut donc définir λ par $\lambda(\chi_i) = -v_i$. Par définition, on sait que si $x \in U$, la règle locale calcule correctement la valeur $f(x)_0 = 0$. Par invariance par translation, on peut étendre ce constat à toute configuration et à toute position : si $x \notin U$, on translate x verticalement en choisissant t tel que $f(\zeta_t(x)) \in E_0$. On en déduit que la règle locale calcule correctement la valeur $f(x)_0$. Par invariance par les shifts, on sait qu'elle calcule correctement toute la configuration $f(x)$. □

Avec ce théorème, nous avons la preuve que le modèle des automates de sable peut modéliser tout système à piles de sable raisonnable discret.

Par contre, dans le modèle, rien n'impose une conservation du nombre de grains de sable. Par exemple, ζ qui est aussi un automate de sable ajoute une infinité de grains à chaque étape. On étudiera dans la section suivante la propriété de conserver les grains.

3.1.3 Propriété des automates de sable

Comme souvent lors de l'établissement d'un nouveau modèle de calcul, on se demande quelle en est la puissance. Tout d'abord, nous allons montrer que l'on peut simuler n'importe quel automate cellulaire de dimension d à l'aide d'un automate de sable de même dimension. Ceci permet de montrer que les automates de sable ont la puissance d'une machine de Turing.

3.1. AUTOMATES DE SABLE

Cependant, les automates de sable les plus réalistes en ce qui concerne la modélisation de phénomènes de tas de sable sont ceux qui conservent le nombre de grains de sable. Nous allons donc porter une attention particulière aux règles qui vérifient cette propriété.

Afin de définir un cadre formel, nous allons tout d'abord donner la définition d'automate de sable conservant le nombre de grains.

Définition 16 (automate de sable isochore). *Un automate de sable est* isochore *si pour toute configuration x telle qu'il n'existe qu'un nombre fini de positions i où x est non nul ($|\{i,\ x_i \neq 0\}| < \infty$), alors :*

$$\sum_{i \in \mathbb{Z}^d} x_i = \sum_{i \in \mathbb{Z}^d} f(x)_i \ .$$

On peut donner des définitions équivalentes d'automate de sable isochore en choisissant x spatialement périodique par exemple. Le fait d'être verticalement invariant assure que le choix arbitraire de l'altitude 0 ne nuit pas à la robustesse.

Le résultat suivant permet de prouver que le fait d'être isochore est suffisamment simple pour permettre la simulation par automate de sable. En effet, un algorithme pourra détecter les erreurs faites dans l'écriture des règles :

Théorème 12 (J. C., E. Formenti et B. Masson, [9]). *Le problème de savoir si une règle locale produit un automate de sable isochore est décidable.*

La preuve de ce théorème est basée sur l'écriture d'une formule qui donne une condition nécessaire et suffisante pour qu'une règle locale produise un automate de sable isochore. Elle est inspirée de [11], travail sur les automates cellulaires isochores (*number conserving cellular automata*). Bien que calculable, la formule générale en toute dimension n'est sûrement pas exprimable avec des symboles mathématiques. Nous allons la donner pour un cas très particulier, à savoir un automate de sable en dimension 1 de précision quelconque p, mais dont la règle locale ne dépend que de la hauteur relative de ses voisins directs. Pour plus de détails sur les autres cas voir [9]. Un tel automate de sable est isochore si et seulement si sa règle locale λ vérifie :

$$\forall a, b \in [\![-p, p]\!]_\Omega, \ \lambda(a, b) = \lambda(0, b) - \lambda(0, -a) \ .$$

Preuve. Soit f un automate de sable isochore de règle locale λ possédant les caractéristiques ci-dessus. En premier lieu, comme l'image de la configuration $\dots 000 \dots$ est forcément elle-même (toutes les piles ont le même voisinage et donc réagissent de la même manière), on sait que $\lambda(0,0) = 0$.

Si x est une configuration telle que pour $i < 0$ ou $i > n$, $x_i = 0$, alors :

$$\sum_{i \in \mathbb{Z}} x_i = \sum_{i \in \mathbb{Z}} f(x)_i = \sum_{i \in \mathbb{Z}} x_i + \lambda(x_{i-1} - x_i, x_{i+1} - x_i),$$

et donc :

$$\sum_{i=0}^{n} \lambda(x_{i-1} - x_i, x_{i+1} - x_i) = 0 \ .$$

On va appliquer ce résultat à différentes configurations.

On veut montrer que pour tout a de $[\![-p, p]\!]$, $\lambda(-p, p) = 0$. On sait déjà que c'est vrai pour $a = 0$. Soit $n > 0$ un entier quelconque et $a > 0$ (le cas $a < 0$ est analogue). Considérons la configuration :

$$y_n = \ldots 0a[2a][3a] \ldots [(np + 1)a]00 \ldots \ .$$

Alors,

$$\lambda(0, a) + np\lambda(-a, a) + \lambda(-a, -\infty) + \lambda(\infty, 0) = 0 \ .$$

Comme a est fixé mais que n varie, ces inégalités ne peuvent être valables simultanément que si $\lambda(-a, a) = 0$. En prenant $a = p + 1$, on obtient que $\lambda(-\infty, \infty) = 0$.

Considérons la configuration $x = \ldots 000aa0b000 \ldots$. On a

$$\lambda(0, a) + \lambda(-a, 0) + \lambda(0, -a) + \lambda(a, b) + \lambda(-b, -b) + \lambda(b, 0) = 0 \ .$$

Si on considère la configuration $\ldots 00b00 \ldots$, on déduit que :

$$\lambda(0, b) + \lambda(-b, -b) + \lambda(b, 0) = 0 \ .$$

En combinant ces équations, on obtient :

$$\lambda(0, a) + \lambda(-a, 0) + \lambda(0, -a) + \lambda(a, b) - \lambda(0, b) = 0 \ .$$

En appliquant cette dernière égalité à $b = -a$, on a $\lambda(0, a) + \lambda(-a, 0) = 0$ et donc on obtient la formule voulue ; pour les cas infinis, il suffit de prendre $a = \pm(p + 1)$.

Réciproquement, soit f un automate de sable qui vérifie la condition. Choisir $a = b = 0$ prouve que $\lambda(0, 0) = 0$. Soit x une configuration de la forme $x = \ldots 00x_0x_1 \ldots x_{n-1}x_n00 \ldots$. Sans perte de généralité, supposons $x_0 = x_1 = x_{n-1} = x_n = 0$. Alors :

$$D(x) = \sum_{i \in \mathbb{Z}} f(x)_i - \sum_{i \in \mathbb{Z}} x_i = \lambda(0, x_0) + \sum_{i=1}^{n-1} \lambda(x_{i-1} - x_i, x_{i+1} - x_i) + \lambda(x_n, 0) \ .$$

En utilisant la formule, on obtient :

$$D(x) = \sum_{i=1}^{n-1} \lambda(0, x_{i+1} - x_i) - \lambda(0, x_i - x_{i-1}) = \lambda(0, x_n - x_{n-1}) - \lambda(0, x_1 - x_0) = 0 \ .$$

□

Remarque 6. Cette preuve est écrite spécialement pour ce cas particulier afin d'obtenir une formule simple, mais il n'est pas aisé de l'étendre à d'autres cas. Dans [9], on trouve des preuves pour des cas plus généraux et plus faciles à étendre aux dimensions et précisions supérieures.

À présent, nous allons étudier la puissance du modèle de calcul et plus précisément des automates de sable isochores. Tout d'abord nous montrons qu'un tel automate peut simuler un automate cellulaire quelconque de même dimension. On en déduit donc immédiatement que les automates de sable isochores ont la puissance des machines de Turing.

Soit f un automate cellulaire de rayon r sur l'alphabet S en dimension d. Sans perte de généralité, supposons que $S = \{0, \ldots, n-1\}$. Nous allons coder la configuration $c \in S^{\mathbb{Z}^d}$ par la configuration telle que $x_{3i} = c_i$, $x_{3i+1} = n-1-c_i$ et $x_{3i+2} = n$. Les lettres sont codées par deux piles dont la somme des hauteurs est $n - 1$ afin d'assurer la conservation du nombre de grains. Il est nécessaire de séparer chaque couple de pile représentant chaque lettre par une case de taille n que l'on appellera mur, pour distinguer les configurations de l'automate cellulaire simulé $n - 1 - i$ et i, sinon égales à un shift de 1 près.

Il convient de définir proprement la règle locale de l'automate de sable afin qu'il reste isochore même sur les configurations mal formées. Pour cela, on prend un voisinage suffisamment grand pour connaître l'état simulé par les piles voisines, le sien et voir les murs les entourant, soit $3r + 4$. On effectue la transition quand les piles codant pour les états et les murs des voisins sont corrects et sinon, on ne change pas. Ainsi, les couples de piles formant le codage d'une cellule de l'automate cellulaire soit changent toutes les deux, soit conservent leurs hauteurs toutes les deux. Les murs restent quoi qu'il arrive inchangés. On peut donc en déduire que le modèle des automates de sable a la puissance d'une machine de Turing.

On peut aussi remarquer que la parenté avec les automates cellulaires est plus forte car un automate cellulaire de dimension $d + 1$ sur l'alphabet $\{0, 1\}$ peut aussi simuler un automate de sable de dimension d. Pour cela, il suffit de coder un pile de sable par un colonne de cellule de l'automate, si la hauteur de la pile $i \in \mathbb{Z}^d$ est n, toutes les cellules dont les coordonnées sont $(i_0, \ldots, i_{d-1}, m)$ vaudront 1 pour $m \leqslant n$ pour dire «présence d'un grain de sable» et 0 sinon.

Cette parenté permet de transférer certains résultats concernant les automates cellulaires aux automates de sable. Le premier est le théorème de représentation (théorème 1) qui dit qu'une fonction continue et invariante par translation est un automate cellulaire. On a préféré l'écrire directement car la nécessité de transformer une application de $\mathbb{Z}_\Omega^{\mathbb{Z}}$ en une application de $\{0, 1\}^{\mathbb{Z}^{d+1}}$ ajoute plus de complications techniques qu'elle n'en retire. Il en est de même pour la décidabilité de la conservation des grains. En revanche, on peut se demander quelles sont les différences entre les deux modèles. Tout d'abord la topologie des automates de sable est différente puisqu'elle se base au sommet de la colonne et non à la position 0. Néanmoins, du fait de l'invariance par ζ, la plupart des propriétés passent d'une topologie à l'autre. La vraie différence réside dans le fait que l'ensemble des configurations possibles est restreint. Ainsi, les propriétés de surjectivité, d'injectivité ou de nilpotence sont différentes. Ceci fait des automates de sable un modèle potentiellement moins puissant que les automates cellulaires. Ce fait est encore accentué par l'impossibilité d'écrire toutes les règles. Il est impossible de trouver un automate de sable qui effectue un décalage des configurations vers la gauche, bien que ce soit un automate cellulaire très simple.

Cependant, bien qu'ils semblent plus simples que les automates cellulaires, le résultat suivant prouve que les automates de sable restent des systèmes complexes :

Théorème 13 (J. C., E. Formenti et B. Masson, [8]). *Il est indécidable, étant donnée la règle d'un automate de sable de savoir :*
- *si toutes les orbites sont ultimement périodiques ;*
- *si toutes les orbites des configurations, dont toutes les piles valent 0 sauf un nombre fini d'entre elles, sont ultimement périodiques ;*
- *pour n assez grand, si toutes les orbites des configurations, dont toutes les piles valent 0 sauf au plus n, sont ultimement périodiques.*

La preuve complète de ce résultat est donnée dans [9] et est basée sur la simulation par un automate de sable (non isochore) d'une machine à deux compteurs, modèle équivalent aux machines de Turing. La simulation est basée sur les idées suivantes :
- le contrôle se fait à l'altitude 0 et l'état est stocké dans une pile dont la hauteur détermine l'état de la machine. Une précision suffisante permet de connaître la valeur de l'état quelle que soit sa hauteur puisque le nombre d'états est fini ;
- chaque compteur est stocké via une pile dont le contenu est modifié en apportant l'information depuis la zone de contrôle grâce à un couple de piles qui véhiculent la commande «augmenter» ou «diminuer» depuis l'altitude 0 jusqu'au sommet de la pile qui représente le compteur ;
- à chaque étape, le calcul est simulé depuis le début dans un dispositif secondaire pour éviter que les configurations qui ne correspondent pas à un état de la machine accessible depuis l'état initial ne faussent les calculs.

L'existence d'un résultat analogue pour les automates de sable isochores reste un problème ouvert.

En conclusion, les automates de sable isochores semblent un modèle assez approprié à la simulation de système basé sur des piles de sable. Par exemple, on arrive à écrire des règles qui simulent l'avancée des dunes ou la chute des grains de sable dans un sablier. Pour l'instant, l'étude dynamique n'en est qu'à ses débuts et la restriction aux automates isochores n'a pas encore été considérée.

3.2 Traces d'automates cellulaires

Dans cette section, nous nous intéressons au procédé inverse de l'étude des automates cellulaires en tant que système dynamique discret. La démarche classique consiste à prendre une classe d'automates et de regarder leurs actions à partir d'un certain ensemble de configurations.

Dans notre approche, nous allons supposer disposer d'un phénomène en cours d'observation et essayer de voir sous quelles conditions les mesures effectuées correspondent à l'observation de l'action d'une règle locale d'automate cellulaire. Les résultats de cette partie ont fait l'objet des publications [7, 10].

Il convient de définir ce que l'on entend par «mesure». L'expression complète de l'orbite $O(x)$ est la suite $x, f(x), \ldots, f^k(x), \ldots$. Du point de vue de la topologie de Cantor, si l'on considère qu'une mesure est une configuration y éloigné d'au plus ε de la configuration mesurée, cela revient à dire que l'on ne regarde qu'un motif fini au centre de x. Dans cette partie, nous allons étudier la *trace* des automates cellulaires, c'est-à-dire le cas où $\varepsilon = \frac{1}{2}$:

Définition 17. *Soit f un automate cellulaire sur l'alphabet S. On appelle* trace *de l'automate cellulaire f sur la configuration x la suite $T_f(x) \in S^{\mathbb{N}}$ définie par :*

$$T_f(x) = x_0, f(x)_0, \ldots, f^k(x)_0, \ldots$$

La trace de l'automate cellulaire f est l'ensemble :

$$\mathcal{T}_f = \{T_f(x), x \in X\} \ .$$

La trace possède la particularité d'être un sous-shift, c'est-à-dire un ensemble fermé et invariant par shift (si $x \in \mathcal{T}_f$ alors $\sigma(x) \in \mathcal{T}_f$). Le fait qu'elle soit fermé vient du fait que l'application T_f est Lipschitzienne. En effet, si r est le rayon de l'automate cellulaire f, soient deux configurations x et y telles que $d_C(x, y) \leqslant 2^{-kr}$. Les pavés centraux de rayon kr de x et y sont égaux et, comme pour tout $i \leqslant k$, f^i est un automate cellulaire de rayon $ir \leqslant kr$, on a $f^i(x)_0 = f^i(y)_0$. On en déduit que $d_C(T_f(x), T_f(y)) \leqslant 2^k$. Elle est invariante par shift puisque $T_f(f(x)) = \sigma(T_f(x))$. Par exemple, trace de l'automate cellulaire σ est $S^{\mathbb{N}}$ en entier puisque $T_\sigma(x) = x_0, \ldots, x_k, \ldots$; la trace de l'identité est $\{x, x \in S\}$.

Les sous-shifts sont caractérisés par deux langages duaux. Le premier est le langage des facteurs des éléments du sous-shift et, si Σ est le sous-shift, on le note $\mathcal{L}(\Sigma)$. Le second est le plus petit ensemble de mots $F(\Sigma)$ tel qu'une condition nécessaire et suffisante pour être dans Σ est de n'avoir aucun facteur dans $F(\Sigma)$. On l'appelle ensemble des *mots interdits* et c'est le complémentaire de $\mathcal{L}(\Sigma)$ où l'on retire tous les mots qui ont un facteur propre déjà dans l'ensemble.

Le problème que nous nous proposons d'étudier est en premier lieu de caractériser les sous-shifts qui sont une trace d'un automate cellulaire et le cas échéant, de retrouver l'automate cellulaire correspondant. Comme le problème est très vaste, nous allons restreindre le domaine d'étude en ajoutant deux contraintes. Tout d'abord, nous allons nous limiter aux automates cellulaires de dimension 1. Ensuite, nous ne considérerons que les sous-shift *sofic*. Un sous-shift Σ sur l'alphabet S est sofic s'il existe un graphe $G = (V, E)$ (avec boucles) dont les arêtes de E sont étiquetées par une fonction $\tau : E \to 2^S$ telle que Σ est l'ensemble des mots infinis $x_0, \ldots, x_k, \ldots$ pour lesquels il existe un chemin $e_0, \ldots, e_k, \ldots$ du graphe tel que $x_i \in \tau(e_i)$. Un exemple est donné figure 3.3. Un sous-shift est donc sofic si et seulement si $\mathcal{L}(\Sigma)$ est rationnel.

Les sous-shifts sofics ont une sous-classe propre : quand $F(\Sigma)$ ne contient que des mots de longueurs inférieures à k, on dit que le sous-shift est k de type fini. Un sous-shift est k de type fini si et seulement si tout mot de longueur k de $\mathcal{L}(\Sigma)$ est synchronisant pour G ; un mot x est synchronisant si tout chemin $e_0, \ldots, e_k$ du graphe tel que $x_i \in \tau(e_i)$ mène au même sommet de V.

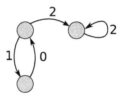

FIG. 3.3 – Sous-shift sofic contenant $(0 + \varepsilon)(10)^*2^*$.

La limitation aux sofics est effectivement une restriction, car on peut trouver un automate cellulaire ayant une trace non sofic. L'exemple s'inpire d'un automate défini dans [22]. Il a quatre états. Les trois premiers ▫, ↘ et ↗ représentent la présence d'une particule et le dernier est l'état blanc ⊔. La particule ▫ représente un mur ; elle ne bouge pas et est indestructible. La particule ↘ se déplace vers la droite et devient ↗ quand elle rencontre un mur, la particule ↗ se déplace vers la gauche et devient ↘ quand elle rencontre un mur. Quand deux particules ↗ et ↘ se rencontrent, seule la particule ↘ est détruite. Un diagramme espace-temps

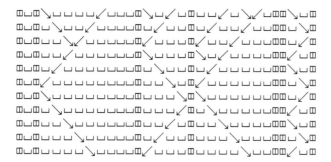

FIG. 3.4 – Automate cellulaire dont le sous-shift trace n'est pas sofic.

est représenté figure 3.4. La trace n'est pas sofic car un automate fini ne peut se souvenir du temps qui sépare les deux passages de la particule ╱ qui dépend de la distance qui sépare les deux murs de part et d'autre de la particule. Quand il n'y a pas de mur de chaque côté, on a ultimement que des ╲ ou que des ╱. Ce cas est sofic mais disjoint du précédent.

3.2.1 Reconstruction de la règle à partir de la trace

Tout d'abord, nous présentons une condition simple qu'un sous-shift sofic doit vérifier pour être trace d'un automate cellulaire. Elle vient du fait que l'image d'une configuration monochromatique est monochromatique :

Proposition 19 (J. C., E. Formenti et P. Guillon, [7])**.** *Soit Σ un sous-shift sofic sur l'alphabet S. On dit qu'il est T0 s'il existe une fonction $\varphi : S \to S$ telle que pour tout $s \in S$, la suite $s, \varphi(s), \varphi^2(s), \ldots, \varphi^k(s), \ldots$ est dans Σ.*
S'il existe un automate cellulaire f tel que $\Sigma = \mathcal{T}_f$, alors Σ est T0.

Preuve. Soit f un automate cellulaire sur l'alphabet S. Soit $s \in S$. On définit $\varphi(s)$ comme étant l'état s' tel que $f(\bar{s}) = \bar{s'}$. On a donc $f^k(\bar{s}) = \overline{\varphi_k(s)}$ pour tout $k \in \mathbb{N}$. On en déduit donc que pour tout $s \in S, s, \varphi(s), \varphi^2(s), \ldots, \varphi^k(s), \ldots \in \mathcal{T}_f$. □

Ensuite, nous donnons une condition suffisante simple pour qu'un sous-shift sofic soit trace d'un automate cellulaire.

Proposition 20 (J. C., E. Formenti et P. Guillon, [7])**.** *Soit Σ un sous-shift 2 de type fini. Alors il existe un automate cellulaire f tel que $\mathcal{T}_f = \Sigma$.*

Preuve. Comme Σ est 2 de type fini, on sait que si tous les facteurs de longueur 2 de x sont dans $\mathcal{L}(\Sigma)$ alors x est dans Σ. Soit S l'alphabet de Σ (sans lettre inutile). Soit ψ une fonction de S dans S définie par $\psi(s) = s'$ avec s' une lettre quelconque telle que $ss' \in \mathcal{L}(\Sigma)$. On définit f, automate cellulaire de rayon 1 et de règle locale λ par :

$$\lambda(\cdot, a, b) = \begin{cases} b & \text{si } ab \in \mathcal{L}(\Sigma) \\ \psi(a) & \text{sinon .} \end{cases}$$

Alors, $\mathcal{T}_f = \Sigma$. En effet, soit $x \in \Sigma$. Soit y la configuration telle que $y_i = x_i$ pour $i \in \mathbb{N}$ et quelconque pour la partie gauche. Pour tout $i \in \mathbb{N}$, $y_i y_{i+1} \in \mathcal{L}(\Sigma)$ et donc, $f(y)_i = y_{i+1}$. Par récurrence, on a donc que $f^k(y)_0 = y_k = x_k$ et par conséquent $T_f(y) = x$.

Réciproquement, soit z une configuration quelconque. Pour tout k, deux cas sont possibles. Si $f^k(z)_0 f^k(z)_1 \in \mathcal{L}(\Sigma)$ alors $f^{k+1}(z) = f^k(z)_1$ et immédiatement $f^k(z)_0 f^{k+1}(z)_0 \in \mathcal{L}(\Sigma)$. Sinon, $f^{k+1}(z) = \psi(f^k(z)_0)$ et par définition de ψ on a aussi $f^k(z)_0 f^{k+1}(z)_0 \in \mathcal{L}(\Sigma)$. Comme Σ est 2 de type fini, on a que $T_f(z) \in \Sigma$ puisque tous ses facteurs de longueur 2 sont dans $\mathcal{L}(\Sigma)$. □

À présent, nous allons essayer d'étendre cette condition suffisante. La difficulté pour simuler un sous-shift sofic est de savoir sur quel sommet du graphe nous sommes afin d'une part, d'effectuer une transition qui correspond bien à une étiquette présente sur l'un des arcs sortants et stocker le nouvel état et d'autre part de veiller à ce qu'il soit possible de prendre toutes les transitions possibles afin d'obtenir le sous-shift en entier et pas seulement une partie. Pour savoir dans quel état on se trouve, l'automate cellulaire ne possède que l'état des cellules voisines ; il faut donc que cette information suffise. Une idée simple est de stocker dans les états des cellules du voisinage le numéro de l'état en base $|S|$ ou tout autre codage des entiers avec les lettres de S. Le premier problème de cette approche est que le codage doit être choisi pour que les traces formées par la séquence des ces codages soient dans Σ. Par exemple, si les sommets de V sont codés en des mots de S par la fonction $\varkappa : V \to S^n$ pour un certain n, alors pour toute suite $a_0, a_1, \ldots, a_k, \ldots$ de sommets adjacents du graphe, il faut que pour tout $i \in [\![0, n-1]\!]$, $\varkappa(a_0)_i \varkappa(a_1)_i \ldots \varkappa(a_k)_i \ldots \in \Sigma$. Le second problème est qu'une cellule ne sait pas à quel indice de $\varkappa(a_k)$ elle est. Il faut donc que le codage possède la particularité qu'étant donné un facteur de $S^* \varkappa(a_k) S^*$ contenant $\varkappa(a_k)$ en entier et suffisamment long (de la taille du voisinage), non seulement la cellule retrouve a_k mais en plus elle connaît sa position dans $\varkappa(a_k)$ afin d'effectuer la transition.

Pour résoudre le premier problème sans se soucier du second, nous introduisons dans un premier temps la notion de *polytrace* : on cherche un automate cellulaire sur l'alphabet S^m mais on ne considère que les colonnes de lettres de S. En effet, si f est un tel automate, $\mathcal{T}_f \subset (S^m)^{\mathbb{N}}$. On définit la polytrace de f de la manière suivante. Soit π la fonction qui à $t \in (S^m)^{\mathbb{N}}$ associe :

$$\pi(t_0 t_1 \ldots t_k \ldots) = \{(t_0)_i (t_1)_i \ldots (t_k)_i \ldots, \ i \in [\![0, m-1]\!]\} \ .$$

On étend naturellement π aux sous-ensembles E de $(S^m)^{\mathbb{N}}$ par $\pi(E) = \bigcup_{t \in E} \pi(t)$. On définit donc la polytrace de la manière suivante :

Définition 18. *Soit f un automate cellulaire sur l'alphabet S^k. La polytrace de f, notée $\mathcal{T}_f^{\times}$ et définie par :*

$$\mathcal{T}_f^{\times} = \pi(\mathcal{T}_f) \ .$$

Ainsi, on peut étendre le résultat 20 de la manière suivante :

Proposition 21 (J. C., E. Formenti et P. Guillon, [7]). *Soit Σ un sous-shift sur l'alphabet S tel qu'il existe un sous-shift 2 de type fini Γ sur l'alphabet S^k, pour $k \in \mathbb{N}$ quelconque, tel que $\pi(\Gamma) = \Sigma$. On dit que Σ est T1. Alors, il existe un automate cellulaire f tel que $\mathcal{T}_f^{\times} = \Sigma$.*

Preuve. D'après la proposition 20, il existe un automate cellulaire f sur l'alphabet S^k tel que $\mathcal{T}_f = \Gamma$ et donc $\mathcal{T}_f^{\times} = \pi(\Gamma) = \Sigma$. □

Le résultat précédent, pour l'instant assez peu intuitif, permet de trouver deux classes de sous-shifts pour lesquels chacun possède un automate cellulaire dont il est la polytrace. La première est la classe des sous-shifts de type fini :

Proposition 22 (J. C., E. Formenti et P. Guillon, [7]). *Tout sous-shift de type fini est T1.*

Preuve. Soit Σ un sous-shift n de type fini pour n quelconque, sur l'alphabet S. Soit Γ le sous-shift sur l'alphabet S^{n-1} dont les mots interdits sont les mots ab tels que :
  – soit il existe $i \in [\![0, n-3]\!]$ tel que $a_{i+1} \neq b_i$;
  – soit $a_0 b = a b_{n-2} \notin \mathcal{L}(\Sigma)$.
Le sous-shift Γ est 2 de type fini puisque l'ensemble de ses mots interdits a longueur 2.

Montrons que $\pi(\Gamma) = \Sigma$. Soit $x \in \Sigma$ et soit $c \in (S^{n-1})^{\mathbb{N}}$ défini par :

$$\forall k \in \mathbb{N}, \ c_k = x_k x_{k+1} \ldots x_{k+n-2} \ .$$

Tout facteur de longueur 2 de la configuration c n'est pas interdit et donc $c \in \Gamma$. Comme x est la suite $(c_0)_0 \ldots (c_k)_0 \ldots$, on conclut que $x \in \pi(c) \subset \pi(\Gamma)$. On a donc montré que $\Sigma \subset \pi(\Gamma)$.

73

Pour l'inclusion inverse, soit $s \in \Gamma$. D'après les propriétés des mots interdits de Γ, pour tout $k \in \mathbb{N}$, on a :

$$\forall i \in [\![0, n-3]\!], \ (s_k)_{i+1} = (s_{k+1})_i \ .$$

Ainsi, par récurrence, on a $(s_{k+j})_i = (s_k)_{i+j}$ pour tout k, i et j. De plus pour tout i,

$$(s_{k+i})_0 s_{k+i+1} \in \mathcal{L}(\Sigma) \ .$$

On a donc :

$$(s_k)_i (s_{k+1})_i \ldots (s_{k+n-1})_i = (s_{k+i})_0 (s_{k+i+1})_0 (s_{k+i+1})_1 \ldots (s_{k+i+1})_{n-2} \in \mathcal{L}(\Sigma) \ .$$

Comme Σ est n de type fini, on en déduit que $(s_0)_i \ldots (s_k)_i \ldots \in \Sigma$ pour tout $i \in [\![0, n-2]\!]$ puisque tous ses facteurs de taille n sont dans $\mathcal{L}(\Sigma)$. On conclut $\pi(c) \subset \Sigma$, ce qui achève la preuve. □

La classe suivante concerne une large classe de sofics. On dit qu'un sous-shift sofic est transitif si le graphe associé est fortement connexe. Cela se traduit en termes de configurations par la propriété suivante : si Σ est transitif et que u et v sont deux mots de $\mathcal{L}(\Sigma)$, alors il existe un mot w tel que $uwv \in \Sigma$. Le lien avec la notion d'automate cellulaire transitif vient du fait que si Σ est transitif, alors le shift σ est un automate cellulaire transitif quand on restreint son action à Σ. En dynamique symbolique, la plupart des résultats concernent exclusivement les sous-shifts transitifs ; c'est donc une classe naturelle à considérer.

Proposition 23 (J. C., E. Formenti et P. Guillon, [7]). *Si Σ est un sous-shift sofic tel qu'il existe Ξ sous-shift sofic et transitif de cardinal infini inclus dans Σ, alors Σ est T1.*

La preuve de cette proposition est assez technique ; on peut la trouver dans [7]. L'idée est d'essayer de coder des bits pour se souvenir du sommet du graphe dans lequel on se trouve. Pour cela, on utilise Ξ de la manière suivante : puisqu'il est transitif infini, on sait qu'il existe deux cycles dans le graphe, possèdant un sommet en commun à partir duquel l'arête du premier cycle est étiquetée a et celle du second b (figure 3.5). En faisant éventuellement plusieurs fois le tour de chaque cycle, on obtient donc deux mots u_0 et u_1 tels que :
- les mots u_0 et u_1 ont la même taille mais leurs premières lettres diffèrent ;
- pour toute suite $i \in \{0, 1\}^{\mathbb{N}}$, la configuration $u_{i_0} \ldots u_{i_k} \ldots$ appartient à Σ.

Ainsi, on peut coder un bit en mettant verticalement u_0 pour 0 et u_1 pour 1, mais en n'ayant la possibilité de modifier la valeur du bit que toutes les $|u_0| = |u_1|$ étapes. Pour pouvoir changer de valeur à chaque étape, il suffit de répéter $|u_0|$ colonnes chacune décalée temporellement de 1, avec un système d'horloge pour savoir où trouver l'information.

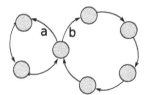

FIG. 3.5 – Illustration des deux cycles présents dans tout sous-shift sofic transitif infini.

Une fois ceci effectué, on se retrouve avec la possibilité de stocker des bits d'information dans les configurations. On peut donc simuler un parcours sur le graphe associé au sofic Σ. Pour être sûr de bien obtenir tout Σ, on choisit l'arrête à suivre dans le graphe en fonction de l'information présente dans la configuration initiale. Avec une technique analogue à celle de la proposition 20, la valeur des bits d'information à droite des cellules qui effectuent le parcours sont décalés vers la gauche. Cela assure que pour obtenir un chemin quelconque du graphe, il suffit d'écrire, à droite de la cellule qui effectue le parcours, le code des transitions à suivre dans le graphe.

3.2.2 De la polytrace à la trace

Pour passer de la polytrace à la trace, il va falloir simuler un automate cellulaire f sur S^k par un automate cellulaire sur S. En général, pour faire ce genre d'opération, on simule f par g, automate cellulaire sur $S \cup \#$, en codant une configuration $s \in (S^k)^{\mathbb{Z}}$ par :

$$\ldots \# s_{-k} \# \ldots \# s_{-1} \# s_0 \# s_1 \# \ldots \# s_k \# \ldots$$

Dans notre cas, cela n'est pas envisageable puisque l'on n'a pas toujours de lettre $\#$ telle que $\# \in \Sigma$. Cependant, nous allons conserver l'idée d'essayer de définir un mot qui représente un bord en contraignant les propriétés de Σ :

Proposition 24 (J. C., E. Formenti et P. Guillon, [7]). *Soit Σ un sous-shift sofic sur l'alphabet S qui soit T0, c'est-à-dire qu'il existe une fonction $\varphi : S \to S$ telle que pour tout $s \in S$, la suite $s, \varphi(s), \varphi^2(x), \ldots, \varphi^k(s), \ldots$ est dans Σ et qui possède une configuration périodique dont au moins une lettre n'est pas dans $\varphi(S)$ ($\exists w \in S^* \setminus \varphi(S)^*, \overline{w} \in \Sigma$). On dit que Σ est T2.*

75

S'il existe un automate cellulaire f dont Σ est la polytrace, alors il existe un automate cellulaire g dont Σ est la trace.

La preuve de cette proposition est plus complexe que les précédentes. En effet, il faut surmonter plusieurs difficultés. En premier lieu, il faut définir un mot que l'automate g reconnaîtra comme un bord et fera évoluer comme tel. Il faut que les traces produites par ces mots soient dans Σ et c'est là que la configuration périodique $\bar{w}$ intervient. Grâce à ce bord, il est possible de simuler f. Néanmoins, comme dans toute simulation, il faut traiter correctement les cas où la configuration n'est pas bien formée pour que l'évolution reste dans Σ. C'est là où φ intervient puisqu'en cas de malformation, on applique φ à la partie mal formée pour rester tout de même dans Σ. On a donc deux modes d'évolution, soit on effectue la simulation et on est dans le mode simulation, soit on applique φ et on est dans le mode par défaut. Il faut cependant faire attention à ne pas changer de mode entre deux itérations car on n'a dans ce cas pas de garantie que l'on reste dans Σ. C'est pour assurer que l'on conserve bien le mode d'évolution que l'on impose au moins une lettre qui n'est pas dans $\varphi(A)$ dans le mot w.

En combinant les deux résultats, on en déduit que si un sous-shift est T1 et T2, alors il est la trace d'un automate cellulaire. Par application des propositions 22 et 23, on déduit que tout sous-shift de type fini T2 et tout sofic T2 incluant une composante sofic transitive infinie est la trace d'un automate cellulaire.

L'étude n'est bien sûr pas terminée : d'une part on sait qu'il existe des automates dont la trace n'est pas sofic et d'autre part, on n'a pas de condition nécessaire pour les sofics.

3.2.3 Indécidabilité

Dans cette section, nous allons étudier les traces au regard de la calculabilité. En effet, on cherche à savoir quelles propriétés des traces sont décidables. On pourrait tout d'abord se demander s'il est possible, étant donnée une règle locale d'automate cellulaire, de calculer sa trace. Le problème est qu'en général, les sous-shifts ne sont pas finiment représentables et donc ne peuvent être la sortie d'un algorithme. Un algorithme peut cependant, en simulant l'automate sur toutes les configurations, énumérer $\mathcal{L}(\Sigma)$.

Ainsi, les seules questions de décidabilité que l'on peut se poser à propos des traces concernent leurs propriétés : le fait que la trace d'un automate cellulaire donné soit sofic, le fait que ça soit $S^{\mathbb{N}}$ tout entier, *etc.* Étudier les propriétés d'objets induits par les modèles de calculs a déjà été fait dans d'autres domaines de l'informatique et même des automates cellulaires. En effet, le théorème de Rice pour les fonctions récursives prouve que toute propriété non triviale sur les fonctions calculées par les machines de Turing est indécidable (non triviale signifie qu'au moins une fonction calculable a la propriété et au moins une ne l'a pas). Concernant les automates cellulaires, [18] énonce des théorèmes de Rice concernant les propriétés des ensembles limites. On rappelle que l'ensemble limite de l'automate cellulaire f est $\bigcup_{k \in \mathbb{N}} f^k(S^{\mathbb{Z}})$.

Dans cette dernière partie, nous cherchons à établir un théorème de Rice pour les traces des automates cellulaires. Le théorème en lui-même ne peut être «toute propriété non triviale des traces est indécidable» puisque certaines propriétés le sont. Par exemple, la propriété «la trace contient le préfixe 01» est non triviale et décidable : il suffit de regarder dans la règle locale s'il existe u et v tels que $\lambda(u0v) = 1$.

Formellement, une propriété est un ensemble quelconque de sous-shifts. Afin d'éviter les problèmes de théorie des ensembles, nous supposerons que les alphabets de ces sous-shifts sont tous sous-ensembles de $\mathbb{N}$. Ainsi, un propriété $\mathcal{P}$ est un sous-ensemble de :

$$\{\Sigma \subset \mathbb{N}^{\mathbb{N}}, \text{ les lettres de } \Sigma \text{ sont en nombre fini et } \Sigma \text{ est un sous-shift}\} \ .$$

Nous allons donc nous restreindre aux propriétés *stables par nilpotence*, dont la définition est la suivante :

Définition 19 (stabilité par nilpotence). *Un sous-shift Σ sur l'alphabet S est* nilpotent *s'il existe une lettre $a \in S$ et un entier n tels que toute configuration $x \in \Sigma$ vérifie $\forall k > n, x_i = a$. En particulier, le sous-shift est fini.*

Une propriété $\mathcal{P}$ est stable par nilpotence *si pour tout sous-shift Σ et tout sous-shift nilpotent Ξ, on a :*

$$\Sigma \in \mathcal{P} \Leftrightarrow \Sigma \cup \Xi \in \mathcal{P} \ .$$

Dans [10], on prouve le théorème suivant :

Théorème 14 (J. C. et P. Guillon, [10]). *Une propriété $\mathcal{P}$ est* triviale *si pour tout automate cellulaire f sur un alphabet fini inclus dans $\mathbb{N}$, $\mathcal{T}_f \in \mathcal{P}$ ou si pour tout automate cellulaire f sur un alphabet fini inclus dans $\mathbb{N}$, $\mathcal{T}_f \notin \mathcal{P}$.*

Si $\mathcal{P}$ est une propriété stable par nilpotence et non triviale, le problème :

> **instance :** *un automate cellulaire f sur un alphabet fini inclus dans $\mathbb{N}$;*
> **question :** *est-ce que $\mathcal{T}_f \in \mathcal{P}$?*

est indécidable.

À nouveau, pour démontrer ce résultat, on commence par prouver un résultat plus simple. Ce dernier concerne d'une part les polytraces au lieu des traces et d'autre part la propriété qui contient tous les full-shifts : $\{S^{\mathbb{N}}, S \subset \mathbb{N} \text{ et } |S| < \infty\}$.

Soit FULL(S), le problème suivant :

> **instance :** *un automate cellulaire f sur S^n pour un certain n ;*
> **question :** est-ce que $\mathcal{T}_f^{\times} = S^{\mathbb{N}}$?

Pour prouver que le problème FULL(S) est indécidable, nous allons le réduire au problème de savoir si un automate cellulaire est *nilpotent*, prouvé indécidable dans [20]. Un automate cellulaire est nilpotent s'il existe k tel que pour toute configuration x, $f^k(x) = \overline{0}$. Toutefois, nous avons besoin de l'indécidabilité d'un problème un peu plus simple. Premièrement, on restreint le domaine du problème aux automates cellulaires dont l'état 0 est *envahissant*, ce qui signifie que dès qu'il apparaît dans le voisinage d'une cellule, alors à la prochaine itération, la cellule prend cet état (pour tout mot u contenant 0 de taille $2r + 1$ où r est le rayon de l'automate, l'application de la règle locale sur u donne 0). La preuve de [20] nous permet cette restriction. Deuxièmement, nous restreignons encore le domaine aux automates cellulaires *à sens uniques*, c'est-à-dire dont la règle locale ne dépend pas des états des cellules à gauche de la cellule où elle s'applique. Ceci ne diminue pas la généralité du problème puisqu'un automate cellulaire quelconque de rayon r est nilpotent si et seulement l'automate cellulaire à sens unique $f \circ \sigma^r$ est nilpotent. Enfin, changer 0 en un autre état ne change pas l'indécidabilité ; on l'appellera *état de nilpotence*.

Après ces considérations, nous sommes à même de prouver la proposition suivante :

Proposition 25 (J. C. et P. Guillon, [10])**.** *Pour tout alphabet S, le problème* FULL(S) *est indécidable.*

Preuve. Notre méthode présente des similarités avec la preuve du principal résultat de [28].

Soit f un automate cellulaire à sens unique, de rayon $r > 0$ sur un alphabet quelconque, dont l'état z est envahissant. Quitte à coder les lettres de f avec des mots sur l'alphabet S, en considérant que les lettres mal codées sont l'état z pour l'application de la règle locale, on peut considérer que l'alphabet de f est S^k pour un certain k et que $(0, \ldots, 0)$ est l'état de nilpotence. Cette modification ne change pas f au regard de la nilpotence.

Notons λ la règle locale de f. On introduit l'automate cellulaire $\sigma \circledcirc f$ de rayon r sur l'alphabet S^{k+1} par sa règle locale μ dont la définition est :

$$\mu : \begin{cases} (S \times S^k)^{2r+1} & \to \quad S \times S^k \\ (a_0, x_0) \ldots (a_{2r}, x_{2r}) & \mapsto \begin{cases} (a_1, \lambda(x_0 \ldots x_{2r})) & \text{si } x_0 \neq (0, \ldots, 0) \\ (0, (0, \ldots, 0)) & \text{sinon} \ . \end{cases} \end{cases}$$

Cet automate se comporte presque comme le produit cartésien du shift et de f, sauf que lorsque la partie correspondant à f devient $(0, \ldots, 0)$, la première partie devient 0.

Montrons d'abord que si f n'est pas nilpotent, il existe une configuration $c \in (S^k)^{\mathbb{Z}}$ telle que pour toute position $i \in \mathbb{Z}$ et tout temps $t \in \mathbb{N}$, $f^t(c)_i \neq (0, \ldots, 0)$.

En effet, les diagrammes espace-temps sont similaires à des pavages par tuiles de Wang puisque la règle locale devient une contrainte locale : la lettre que l'on peut mettre dans la case (i, t) est entièrement fixée par celles des cases $(i-r, t-1) \dots (i+r, t-1)$. Ainsi, s'il existe dans un diagramme espace-temps des motifs de plus en plus grands sans occurrences de l'état $(0, \dots, 0)$, on peut en déduire par compacité ou par extraction diagonale un diagramme espace-temps respectant la règle locale sans aucune occurrence de $(0, \dots, 0)$. Ainsi, si une telle configuration c n'existe pas, cela signifie que pour tout diagramme espace-temps, il existe un entier l tel que, pour toute position i, il existe un temps $t \in [\![0, l]\!]$ et une position j vérifiant $|i - j| \leqslant l$ tels que $(0, \dots, 0)$ se trouve sur la case (j, t). Comme $(0, \dots, 0)$ est envahissant, on en déduit que la configuration au temps $m = l + \lceil \frac{l}{r} \rceil$ est $(0, \dots, 0)$ et donc que l'automate cellulaire f est nilpotent (plus précisément, $f^m(x) = (0, \dots, 0)$ pour toute configuration x).

Si f est nilpotent, alors $\sigma \circledcirc f$ aussi et l'état de nilpotence est $(0, (0, \dots, 0))$. Dans ce cas, $\mathcal{T}_{\sigma \circledcirc f}^{\times}$ est aussi nilpotent. Sinon, d'après le paragraphe précédent, il existe une configuration $c \in (S^k)^{\mathbb{Z}}$ telle que pour toute position $i \in \mathbb{Z}$ et tout temps $t \in \mathbb{N}$, $f^t(c)_i \neq (0, \dots, 0)$. Ainsi, sur la configuration initiale (x, c) pour $x \in S^{\mathbb{Z}}$ quelconque, $\sigma \circledcirc f$ se comporte véritablement comme un produit cartésien car la composante qui applique f ne contient aucun $(0, \dots, 0)$. Ainsi, $\mathcal{T}_{\sigma \circledcirc f}^{\times}$ contient toute la trace du shift soit $S^{\mathbb{N}}$, c'est-à-dire l'ensemble complet. Ainsi, si f est nilpotent la trace de $\sigma \circledcirc f$ est nilpotente et sinon c'est $S^{\mathbb{N}}$, ce qui achève de prouver la réduction du problème de la nilpotence d'un automate cellulaire à FULL(S). □

Ce résultat montre que la propriété particulière «contenir toutes les configurations» est indécidable pour la polytrace. Pour l'étendre afin de démontrer le théorème 14, nous commençons par prouver l'indécidabilité de toute propriété stable par nilpotence et non triviale concernant la polytrace :

Proposition 26 (J. C. et P. Guillon, [10]). *Soit $\mathcal{P}$ une propriété non triviale, stable par nilpotence. Le problème :*

> *instance : un automate cellulaire f sur un alphabet fini inclus dans $\mathbb{N}$;*
> *question : est-ce que $\mathcal{T}_f^{\times} \in \mathcal{P}$?*

est indécidable.

Preuve. Soit h un automate cellulaire tel que $\mathcal{T}_h^{\times} \in \mathcal{P}$, S_h son alphabet, $\hbar$ un automate cellulaire tel que $\mathcal{T}_{\hbar}^{\times} \notin \mathcal{P}$ et $S_{\hbar}$ son alphabet. Soit $R = S_h \cup S_{\hbar}$. Si $R^{\mathbb{N}} \in \mathcal{P}$, on choisit $g = \hbar$ et sinon, on choisit $g = h$. On étend g à l'alphabet R en considérant les lettres de $R \setminus S_g$ comme la plus petite lettre de S_g pour l'application de la règle locale. On obtient l'automate cellulaire g' sur R. Seule la première lettre de la polytrace de g' change par rapport à celle de g et comme $\mathcal{P}$ est stable par nilpotence, $\mathcal{T}_{g'}^{\times} \in \mathcal{P} \Leftrightarrow \mathcal{T}_g^{\times} \in \mathcal{P}$.

Lors de la preuve du théorème précédent, pour f automate cellulaire à sens unique donné sur un alphabet quelconque, on construit un automate cellulaire $\sigma \circledcirc f$ sur l'alphabet R^k tel que $\mathcal{T}^{\times}_{\sigma \circledcirc f}$ est nilpotent si f est nilpotent et $\mathcal{T}^{\times}_{\sigma \circledcirc f} = R^{\mathbb{N}}$ sinon.

On considère l'automate cellulaire $\sigma \circledcirc f \times g'$ sur l'alphabet R^{k+1}, produit cartésien de $\sigma \circledcirc f$ et h'. Par définition de la polytrace :

$$\mathcal{T}^{\times}_{\sigma \circledcirc f \times g'} = \mathcal{T}^{\times}_{\sigma \circledcirc f} \cup \mathcal{T}^{\times}_{g'} \ .$$

Si f est nilpotent alors $\mathcal{T}^{\times}_{\sigma \circledcirc f}$ est nilpotent et comme $\mathcal{P}$ est stable par nilpotence, $\mathcal{T}^{\times}_{\sigma \circledcirc f \times g'} \in \mathcal{P} \Leftrightarrow \mathcal{T}^{\times}_{g} \in \mathcal{P}$. Si f n'est pas nilpotent, $\mathcal{T}^{\times}_{\sigma \circledcirc f} = R^{\mathbb{N}}$ et donc $\mathcal{T}^{\times}_{\sigma \circledcirc f \times g'} = R^{\mathbb{N}}$. Ainsi, $\mathcal{T}^{\times}_{\sigma \circledcirc f \times g'} \in \mathcal{P} \Leftrightarrow R^{\mathbb{N}} \in \mathcal{P}$. Ainsi, si $R^{\mathbb{N}} \notin \mathcal{P}$, on a choisi g tel que $\mathcal{T}^{\times}_{g} \in \mathcal{P}$, alors f est nilpotent si et seulement si $\mathcal{T}^{\times}_{\sigma \circledcirc f \times g'} \in \mathcal{P}$. Si $R^{\mathbb{N}} \in \mathcal{P}$, on a choisi g tel que $\mathcal{T}^{\times} gh \notin \mathcal{P}$, alors f est nilpotent si et seulement si $\mathcal{T}^{\times}_{\sigma \circledcirc f \times g'} \notin \mathcal{P}$.

On a bien réduit le problème de nilpotence à la décision de la propriété $\mathcal{P}$ concernant les polytraces. □

Notons qu'une preuve analogue et plus simple permet de prouver le même théorème en fixant l'alphabet à $\{0, 1\}$ ou n'importe quel autre alphabet fini.

Note. La réduction précédente est une réduction many-one, mais le sens de la question dépend de la propriété puisque cela dépend de la position de $R^{\mathbb{N}}$. Ceci était prévisible puisqu'il est normal que le fait d'être énumérable ou co-énumérable dépende de la propriété (les règles d'automates cellulaires nilpotents sont énumérables). Bien sûr, il existe des propriétés ni énumérables ni co-énumérables.

Pour passer de la polytrace à la trace, comme pour la proposition 24, il est nécessaire de définir des bords. Dans ce cas, la construction des bords est simplifiée par le fait que la propriété est stable par nilpotence. En effet, on peut par exemple définir le mot du bord comme 10^l, pour un l bien choisi. Pour les besoins de la construction, il peut être nécessaire de détruire le bord à la première itération en cas de configuration qui code mal la simulation de l'automate sur S^k par un automate sur S. Ainsi, la trace de l'automate simulant est la polytrace de l'automate simulé plus le sous-shift $\{10^\infty, 0^\infty, 1^\infty\}$ qui est nilpotent. Elle conserve donc le respect ou le non-respect de la propriété.

Parmi les propriétés non triviales, stables par nilpotence, on trouve notamment :

- le fait d'être sofic ;
- le fait d'être de type fini ;
- le fait d'être de cardinal fini ;
- le fait de ne contenir que des configurations ultimement périodiques.

Le fait d'être stable par nilpotence est en général synonyme de propriété asymptotique qui ne dépend pas du début de l'évolution. On peut à présent se demander quelles sont les propriétés non stables par nilpotence qui sont indécidables afin de fournir un théorème de Rice complet. Par exemple, on peut s'interroger sur l'indécidabilité de la propriété «ne contient que des configurations périodiques».

3.3 Perspectives

En ce qui concerne les automates de sable, la classe la plus adaptée à la modélisation des tas de sables est celle des automates de sable isochores. Son étude pourrait donc conduire à des propriétés dynamiques intéressantes et pertinentes. Cependant, on manque déjà dans le cas général de résultats forts et les problèmes sont difficiles à résoudre. De plus, la seule différence entre un automate de sable et un automate cellulaire, du point de vue de la règle, est la cohérence. Ainsi, on ajouterait la contrainte d'être isochore à un modèle dont la dynamique est déjà complexe. Il est donc probable que cela ne complique encore la progression. Une idée pour simplifier serait de chercher un modèle qui respecte de manière intrinsèque les contraintes physiques que l'on souhaite modéliser. Naturellement, il faut pouvoir y associer une topologie et obtenir un théorème de représentation comparable aux théorèmes 1 et 11 afin d'en étudier la dynamique.

À propos des traces, l'étude n'en est qu'à ses débuts et de nombreux problèmes restent à élucider. On peut par exemple étudier la trace dont la largeur est supérieure à une cellule, les trace diagonales ou les traces obtenues en se restreignant à l'ensemble limite. Ce dernier cas correspond à l'observation du phénomène une fois la phase transitoire passée, ce qui est souvent le cas, par exemple pour les expériences d'électricité où l'on n'observe que le régime périodique stable, la phase transitoire étant trop courte et trop bruitée pour être pertinente. Enfin, on peut aussi s'intéresser à reconstruire, à partir de la donnée de la trace, un automate cellulaire et une projection lettre-à-lettre tels que la projection de la trace de l'automate soit la trace recherchée (formellement, à partir d'un sous-shift Σ, on cherche un automate cellulaire f et une projection π telle que $\Sigma = \pi(\mathcal{T}_f)$). Ceci pourrait modéliser le fait que l'on observe rarement la totalité des facteurs du phénomène mais seulement certains.

Index

INDEX

Table des matières

Bibliographie

[1] Blanchard (F.), Cervelle (J.) et Formenti (E.). – Some results about the chaotic behavior of cellular automata. *Theoretical Computer Science*, vol. 349, n° 3, 2005, pp. 318–336.

[2] Blanchard (F.), Formenti (E.) et Kůrka (P.). – Cellular automata in the Cantor, Besicovitch and Weyl topological spaces. *Complex Systems*, vol. 11, 1999, pp. 107–123.

[3] Brudno (A. A.). – The complexity of the trajectories of a dynamical system. *Russian Mathematical Surveys*, vol. 33, n° 1, 1978, pp. 197–198.

[4] Cattaneo (G.), Formenti (E.), Margara (L.) et Mazoyer (J.). – A Shift-invariant Metric on S^Z Inducing a Non-trivial Topology. *Dans : Mathematical Foundations of Computer Science*. pp. 179–188. – Springer Verlag, 1997.

[5] Cervelle (J.), Durand (B.) et Formenti (E.). – Algorithmic information theory and cellular automata dynamics. *Dans : Mathematical Foundations of Computer Science (MFCS)*, éd. par Sgall (J.), Pultr (A.) et Kolman (P.). pp. 248–259. – Springer, 2001.

[6] Cervelle (J.) et Formenti (E.). – On sand automata. *Dans : Symposium on Theoretical Aspects of Computer Science (STACS)*, éd. par Alt (H.) et Habib (M.). pp. 642–653. – Springer, 2003.

[7] Cervelle (J.), Formenti (E.) et Guillon (P.). – Sofic trace subshift of a cellular automaton. *Dans : Computability in Europe (CiE)*, éd. par Cooper (S. B.), Löwe (B.) et Sorbi (A.). pp. 152–161. – Springer, 2007.

[8] Cervelle (J.), Formenti (E.) et Masson (B.). – Basic properties for sand automata. *Dans : Mathematical Foundations of Computer Science*, éd. par Jedrzejowicz (J.) et Szepietowski (A.). pp. 192–211. – Springer, 2005.

[9] Cervelle (J.), Formenti (E.) et Masson (B.). – From sandpiles to sand automata. *Theoretical Computer Science*, vol. 381, n° 1-3, 2007, pp. 1–28.

[10] Cervelle (J.) et Guillon (P.). – Towards a rice theorem on traces of cellular automata. *Dans : Mathematical Foundations of Computer Science (MFCS)*, éd. par Kucera (A.) et Kucera (L.). pp. 310–319. – Springer, 2007.

[11] Durand (B.), Formenti (E.) et Róka (Z.). – Number conserving cellular automata I : decidability. *Theoretical Computer Science*, vol. 299, 2003, pp. 523–535.

[12] Durand (B.), Levin (L.) et Shen (A.). – Complex tilings. *Dans : Symposium on Theory of Computing*, pp. 732–739. – 2001.

[13] Durand-Lose (J.). – *Automates cellulaires, automates à partition et tas de sable*. – Thèse de doctorat, Université de Bordeaux - LABRI, 1996.

[14] Goles (E.) et Kiwi (M. A.). – Game on line graphs and sandpile automata. *Theoretical Computer Science*, vol. 115, 1993, pp. 321–349.

[15] Goles (E.) et Kiwi (M. A.). – Sandpiles dynamics in a one-dimensional bounded lattice. *Theorethical Computer Science*, vol. 136, n° 2, 1994, pp. 527–532.

[16] Goles (E.), Morvan (M.) et Phan (H. D.). – Sandpiles and order structure of integer partitions. *Discrete Applied Mathematics*, vol. 117, n° 1-3, 2002, pp. 51–64.

[17] Goles (E.), Morvan (M.) et Phan (H. D.). – The structure of linear chip firing game and related models. *Theoretical Computer Science*, vol. 270, 2002, pp. 827–841.

[18] Guillon (P.) et Richard (G.). – Revisiting the rice theorem of cellular automata. *Dans : Symposium on Theoretical Aspects of Computer Science (STACS)*, pp. 441–452. – 2010.

[19] Hedlund (G. A.). – Endomorphism and automorphism of the shift dynamical system. *Math. Sys. Theory*, vol. 3, 1969, pp. 320–375.

[20] Kari (J.). – The nilpotency problem of one-dimensional cellular automata. *SIAM Journal on Computing*, vol. 21, n° 3, 1992, pp. 571–586.

[21] Kůrka (P.). – Languages, equicontinuity and attractors in cellular automata. *Ergodic Theory and Dynamical Systems*, vol. 17, 1997, pp. 417–433.

[22] Kůrka (P.). – On the measure attractor of a cellular automaton. *Dans : conference on dynamical systems and differential equations*, pp. 1–12. – 2004.

[23] Li (M.) et Vitányi (P.). – *An Introduction to Kolmogorov complexity and its applications*. – Springer-Verlag, 1997, second édition.

[24] Maruoka (A.) et Kimura (M.). – Conditions for injectivity of global maps for tesselation automata. *Information & Control*, vol. 32, 1976, pp. 158–162.

[25] Moore (E. F.). – Machine models of self-reproduction. *Proceedings Symposia in Applied Mathemathics*, vol. 14, 1962, pp. 13–33.

[26] Myhill (J.). – The converse to Moore's garden-of-eden theorem. *Proceeding of American Mathematical Society*, vol. 14, 1963, pp. 685–686.

BIBLIOGRAPHIE

[27] Nasu (M.). – *Textile systems for endomorphisms and automorphisms of the shift*. – AMS, 1995, *Memoirs of the AMS*, volume 546.

[28] Ollinger (N.). – The intrinsic universality problem of one-dimensional cellular automata. *Dans : Symposium on theoretical aspects of computer science*. pp. 632–641. – Springer-Verlag, 2003.

[29] Phan (H. D.). – *Structures ordonnées et dynamique de pile de sable*. – Thèse de doctorat, Université Denis Diderot Paris VII - LIAFA, 1999.

[30] Robinson (R. M.). – Undecidability and nonperiodicity for tilings of the plane. *Inventiones Mathematicae*, vol. 12, 1971, pp. 177–209.

[31] Sablik (M.). – *Étude de l'action conjointe d'un automate cellulaire et du décalage : une approche topologique et ergodique*. – Thèse de doctorat, Université de la Méditerranée, 2006.

[32] Shereshevsky (M. A.). – Expansiveness, entropy and polynomial growth for groups acting on subshifts by automorphisms. *Indagationes Mathematicae*, vol. 4, 1993, pp. 203–210.

[33] Terrier (V.). – Language not recognizable in real time by one-way cellular automata. *Theoretical Computer Science*, vol. 156, 1996, pp. 283–287.

www.ingramcontent.com/pod-product-compliance
Lightning Source LLC
LaVergne TN
LVHW042342060326
832902LV00006B/328